CHARLES
VERLAG

Olli Gastronomicus Riek

Ist die Avocado regional?

Skurrile Geschichten aus dem Restaurant

Riek, Olli Gastronomicus: Ist die Avocado regional? Skurrile Geschichten aus dem Restaurant. Hamburg, Charles Verlag 2020

1. Auflage
ISBN: 978-3-948486-13-6

Dieses Buch ist auch als eBook erhältlich und kann über den Handel oder den Verlag bezogen werden.
ePub-eBook: ISBN 978-3-948486-15-0
PDF-eBook: ISBN 978-3-948486-14-3

Lektorat: Silke Starodubetz
Korrektorat: Lisa Seidelt
Umschlaggestaltung: © Annelie Lamers

Bibliografische Information der Deutschen Nationalbibliothek: Die Deutsche Nationalbibliothek verzeichnet diese Publikation in der Deutschen Nationalbibliografie; detaillierte bibliografische Daten sind im Internet über https://dnb.d-nb.de abrufbar.

Der Charles Verlag ist ein Imprint der Bedey Media GmbH, Hermannstal 119k, 22119 Hamburg und Mitglied der Verlags-WG: www.verlags-wg.de

---

www.charlesverlag.de
Gedruckt in Deutschland

Kann man einen Menschen lieben,
den man nie gesehen oder berührt hat?
Ja! Sein eigen Fleisch und Blut!

Ich konnte dir meine Liebe nie zeigen, meine Jule.
Aber egal, wo du jetzt bist, sei dir gewahr,
dass sie dich für den Rest meines Lebens begleiten wird.

Dein Papa

Inhalt

Vorwort

Der Traum vom eigenen Buch steckt in jedem, der passioniert schreibt, auch wenn man am Anfang eher für sich selber schreibt und es einem eher unrealistisch erscheinen mag, mit dem, was man zu Papier bringt, ein ganzes Buch zu füllen. Als dieser Traum für mich wahr wurde, war dies ein überwältigendes Gefühl und der Moment, sein erstes, eigenes Buch in Händen zu halten, unvergesslich. Dass sich mein Buch »Ist das Gemüse auch vegan?« so gut verkaufte, dass mein Verlag mir anbot, ein weiteres Buch zu schreiben, steigerte meine Freude noch weiter! Nicht im Traum hätte ich das für möglich gehalten und so bin ich umso aufgeregter, euch nun mein zweites Buch »Ist die Avocado regional?« präsentieren zu dürfen. Natürlich erwartet ihr jetzt mehr skurrile und abgefahrene, aber auch etwas ernstere und nachdenklichere Texte und ich hoffe, ich kann eure Erwartungen auch befriedigen. Was ich euch garantieren kann, ist viel Herzblut und Leidenschaft, denn die ist für meinen Beruf als Kellner ungebrochen. Seit meinem ersten Buch ist einiges passiert, unverändert aber sind die vielen, komischen Erlebnisse mit meinen Gästen und mit meinen Kollegen. Ich hoffe, ihr werdet beim Lesen Spaß haben und euch in meinen Geschichten wiederfinden. Bitte nehmt nicht alles so ernst und betrachtet meine Geschichten mit einem Augenzwinkern. Denn auch dann, wenn mich zuweilen manche Gäste an den Rand des Wahnsinns treiben, sind sie es auch, die meinen Beruf und meine Berufung zu dem machen, was viele meiner Kollegen empfinden: Leidenschaft!

Viel Spaß und guten Appetit wünscht euch,
Euer Olli

Fachbegriffe

Umgangssprachliche Begriffe, die man nur versteht, wenn man aus der Gastro kommt:

1. Pathologie = Pattiserie
2. Mordor = Die Küche
3. Auenland = Das Restorang
4. Patienten = Gäste
5. Freigehege = Terrorasse = Terrasse
6. Weißmützenorks = Köche
7. Klemmbrettschwester = F&B-Manager
8. McGyver = Haustechnik
9. Arbeitsabwehranzug = Arbeitsbekleidung vom F&B-Manager
10. Hühnertitten = Hähnchenbrustfilet
11. Lebenszeitabzugsprämie = Das Gehalt
12. Der Alte = Der Hoteldirektor
13. Kellnerwellness = Die Kippe zwischendurch
14. Verlängerte Pause = Ich habe frei
15. Jonglierschlampe = Das Tragen eines Tabletts mit beiden Händen
16. Kellnertaufe = Wenn man den Gast mit Getränken überschüttet
17. Kaltabreise = Ein verstorbener Gast im Hotelzimmer
18. Kuchenzombies = Rentner zur Mittagszeit
19. Taxi = Kellner
20. Kellnerbordell = Das Trockenlager

Ich liebe die Gastro

Ich liebe meinen Beruf, denke viel an die Arbeit, über meine Arbeitsweise, was ich richtig aber auch falsch mache und versuche, meine Fehler zu korrigieren. Ich betrachte mich als Azubi, der unaufhörlich lernt, optimiert und sich selber kritisiert. Leidenschaft hat etwas mit Hingabe zu tun, aber Hingabe sollte nicht zur Aufgabe werden. Wer diesen Beruf ausübt und im Job alles gibt, sollte sich klare Grenzen ziehen, die für Kollegen wie Gäste gleichermaßen gelten. Wenn ich Feierabend habe, schalte ich ab und kümmere mich um meine anderen Leidenschaften, mein Kind, meine Frau, das Schreiben. Durch das Schreiben verarbeite ich meine Erlebnisse und lenke meine Gedanken in korrekte Bahnen, um das Chaos im Kopf steuern zu können. Die Arbeit ist nicht alles im Leben – ich gehe in ihr zwar auf, aber nicht unter. Ich gebe mich hin, aber nicht auf, denn viele verlieren sich und ihr Leben nur dafür, Menschen Essen und Trinken zu bringen. Es ist etwas anderes, eine soziale Verantwortung zu haben, als Menschen zu bedienen. Dienstleistung heißt nicht dienen, sondern das Erbringen einer Leistung, ich biete also nicht mich an, sondern das, was ich zu leisten im Stande bin. Ich lasse vieles mit mir machen, mir aber nicht alles gefallen.

Ziehe deine Grenzen dann, wenn du sie erkennst, und achte stets darauf, dass andere deine Grenzen respektieren. Ich lebe nicht, um zu arbeiten, sondern nutze die Zeit für Dinge, die wesentlicher und wichtiger sind. Arbeit gibt es viel, aber dein Leben gibt es nur einmal.

Dafür liebe ich die Gastronomie

Ich liebe die Gastronomie für die vielen kleinen und großen Komplimente und nicht für permanente Beschwerden.

Ich liebe die Gastronomie für die vielen zufriedenen und glücklichen Gäste und nicht für Menschen, die mit miesen Bewertungen drohen.

Ich liebe die Gastronomie dafür, diesen Beruf jeden Tag weiter zu erlernen, statt mich von dummen Menschen entmutigen zu lassen.

Ich liebe die Gastronomie für Vielfalt statt Einfalt.

Ich liebe die Gastronomie wegen ihrer Menschlichkeit und nicht wegen menschenverachtender Gäste.

Ich liebe die Gastronomie für die vielen kleinen und großen positiven Aspekte. Wieso aber sagen permanent Kollegen bei miesen Erlebnissen: »Dafür liebe ich die Gastro?« Wer auf die Fresse bekommt, liebt den Schläger ja auch nicht.

Liebe also, was liebenswert ist, und lehne alles ab, was dich kaputt macht!

Es gibt einfach tolle Gäste

Da blieb mir die Spucke weg

Einmal saß ein älteres Paar bei uns. Sie bestellten sich jeweils einen Hauptgang und ein Getränk. Als der Mann sein Bier austrank, fragte ihn mein Kollege Ahmed, ob er ein Zweites wolle, was der Mann mit: »Später gerne.« beantwortete. Sie aßen sehr langsam. Als Ahmed die Teller aushob, fragte er den Mann erneut, ob er denn jetzt sein zweites Bier bestellen wolle. Der Mann schüttelte fast unmerklich den Kopf, lächelte und sagte: »Nein, danke.«

Als der Mann bei mir die Rechnung zahlte, sagte er: »Wissen Sie, Ihr Kollege hat uns so nett und freundlich bedient, dass ich lieber ihm das Geld als Trinkgeld gebe, als ein zweites Bier zu trinken. Es ist nicht viel, aber es kommt von Herzen.«

Als ich Ahmed das erzählte, schluckte er kurz, zapfte ein Bier für den Mann und eine Weißweinschorle für die Dame und servierte es ihnen mit den Worten: »Ich habe noch nie ein so herzliches Trinkgeld bekommen und dafür lade ich Sie auf diese Runde ein.« Ich kommentierte das mit den Worten: »WIR laden Sie ein, das geht aufs Haus.«

***

Neulich ein Gast zu unserem Azubi: »Sie haben uns sehr, sehr gut bedient und man merkt, dass Sie Ihren Beruf lieben. Seit wann machen Sie das?«

Azubi: »Ein Jahr ungefähr.«

Gast: »Was?! Also sind Sie seit knapp einem Jahr ausgelernt?«

Azubi: »Nein, ich habe erst angefangen.«

Gast: »Das kann man kaum glauben, Sie werden es weit bringen.«

Der Gast betonte es mir gegenüber beim Gehen nochmals. Und unser Azubi? Bekam 'ne Buddel Wein!

***

Als ich einem Gast die Karte reichen wollte, fragte dieser, was ich denn empfehlen könnte. Ich fing an zu annoncieren: »Also wir haben Schn …«

Der Gast unterbrach mich und sagte ganz aufgeregt: »JA, SCHNITZEL, das nehme ich. Schnitzel geht immer.«

Ich: »Aber wir haben noch viel mehr.«

Gast: »Nee, ich möchte Schnitzel, dafür lasse ich alles andere stehen.«

Ich: »Soll ich da noch zwei Spiegeleier draufballern und das Ganze noch fett mit Käse gratinieren? Dazu 'ne ordentliche Portion Bratkartoffeln mit Speck?«

Gast grinste mit leuchtenden Augen: »Food Porn, ich könnte weinen.«

So geht Gastro!

***

Letztens kam ein Paar rein, es war bumsvoll im Laden. Etwas gestresst sagt der Mann: »Wir haben auf den Namen *** reserviert.«

Ich guckte im System nach … nichts.

Ich: »Für wie viele Personen?«

Er: »Für zwei.«

Ich: »Also ich habe keine Reservierung auf Ihren Namen und Reservierungen nehmen wir erst ab sechs Personen an.«

Der Gast aufgebracht: »Wir haben heute Morgen mit einem Ihrer Kollegen gesprochen und der meinte, es sei kein Problem!«

Ich: »Mit wem haben Sie gesprochen?«

Gast: »Das weiß ich nicht mehr, aber er meinte, es sei kein Problem.«

Ich: »Zeigen Sie mir mal die Nummer?«

Gast scrollt in seinem Handy rum und hält mir mit dem Kommentar »Ich bin doch nicht bescheuert!« sein Handy unter die Nase.

Ich: »Das ist nicht unsere Nummer.«

Gast: »Aber Sie sind doch das Restaurant ***.«

Ich: »Nee. Sie sind komplett falsch!«

Gast stutzt, grübelt und sagt: »Oh man, ich bin wirklich so dämlich, wie ich mich benehme! So ein Scheiß!«

Ich: »Dann bleiben Sie doch einfach hier.«

Gast: »Naja, wir wollten ja eigentlich ins ***.«

Ich: »Da drüben wird gleich ein Tisch frei. Ich lade Sie mal auf ein Bier an der Bar ein, Missgeschicke passieren uns allen.«

Gast guckt seine Frau an und die Frau sagt: »Du bist so verpeilt, aber ich habe auch keine Lust mehr. Wir bleiben hier.«

Seine Frau und ich haben den Mann den Rest des Abends total hops genommen. Die waren super!

So geht Gastro!

***

Das geht runter wie Öl

Gast: »Wir kommen ja seit einiger Zeit öfters zu Ihnen, aber jetzt sage ich Ihnen mal wieso. Man merkt, dass das Team Spaß bei der Arbeit hat und sich untereinander gut versteht. Niemand ist verkrampft oder förmlich. Es ist eher familiär. Ich finde, darum geht es ja auch heute. Sie sind sehr unkonventionell, das mag sicher nicht jeder, aber dadurch können Sie auf Gäste gut eingehen. Das können alle hier und das macht es auch für Gäste einfach, sich wohl zu fühlen. Und wenn mal ein Fehler passiert, kann man den leichter verzeihen, als wenn Sie versuchen würden, eine Professionalität vorzuspielen, die nicht Ihrer Mentalität entspricht.«

Die moderne, zukunftweisende Gastronomie aus der Sicht eines aufmerksamen Gastes. Toll!

***

Die Symbiose der Gegensätze

Es gibt sie noch: Menschen mit Verständnis.

Eine Gruppe hatte sich zum Essen angekündigt. Eine Person davon schickte eine Mail, in welcher sie sich für die im Anhang angefügte Liste der Unverträglichkeiten entschuldigte. Ich weiß nicht mehr, was alles auf der Liste stand, aber sie war lang. Sie wolle keine Schwierigkeiten verursachen, bäte aber um eine Berücksichtigung, so dies denn möglich sei. Der Ton war mehr als freundlich und sehr kooperativ und verständig und so besprach ich mit der Küchenbrigade Menüvorschläge. Alle berührte die Mail und so zauberte die Küche ein leckeres Diätmenü.

Als die Gruppe dann nach einem schönen Abend kurz davor war zu gehen, drückte die allergische Person mir 20 Euro in die Hand und bedankte sich für dat leckere Essen und die Mühe, die sich die Küche gemacht hatte.

Wenn Gäste GEMEINSAM mit dem Restorang arbeiten, wenn man zusammen den Abend gestaltet, dann ist es wahrlich professionell! Wäre es immer so, könnten wir durch die Decke starten!

***

Ich hörte die Feier schon von draußen. Als ich dann in den Laden kam, war die Stimmung echt Bombe. Es wurde viel gelacht, erzählt, wieder gelacht. Ich ging zu Bibi und fragte sie, ob das eine Hochzeit sei? Sie verneinte. Ein Geburtstag? Sie verneinte. Ein Junggesellenabschied? Sie verneinte. Als mir die Ideen ausgingen, sagte sie nur: »Trauerfeier.«

Wie geil, da ist ein absoluter Scherzkeks gestorben und die Hinterbliebenen tauschen Geschichten und Anekdoten aus. Eine unglaublich positive und geile Stimmung war das.

Wenn ich mal in die Horizontale gehe, möchte ich auch so eine Feier.

***

Das Wetter nicht so geil und es war Sonntag. Gute Voraussetzungen für eine bumsvolle Hütte! Nachdem ich also wie auf Koks durch den Laden pflügte, wollte ein Gast zahlen. Als ich ihm die Rechnung brachte, auf welcher ein Betrag von € 110,50 stand, drückte mir der Gast € 150 in die Hand und sagte: »Stimmt so. Es ist ja nicht so, dass Sie sich hier Kaffee trinkend zusammen in die Ecke stellen und Bestellungen deswegen lange brauchen. Sie und Ihre Kollegen laufen sich einen ab. Ich könnte Sie dafür jetzt milde loben, aber was haben Sie davon? Mit ein bisschen mehr Trinkgeld können Sie sich belohnen. Ein Händedruck alleine vermittelt keine Wertschätzung!«

Und ich bin wirklich selten sprachlos!!!!

***

Neulich fragt ein Gast: »Ich weiß, wer Sie sind. Ich habe Ihr Buch gelesen, aber ich frage mich schon, wie man sich in einem Restorang richtig benimmt? Man hat ja doch Angst, was falsch zu machen und sich zu blamieren.«

Ich: »Sagen Sie ›Moin‹ und ›Tschüss‹, ›Bitte‹ und ›Danke‹, essen Sie mit Messer und Gabel, furzen, rülpsen und schmatzen Sie nicht? Behandeln Sie Menschen mit Respekt und Würde und nehmen Sie Rücksicht auf die Ruhe und Entspanntheit, die man in einem Restorang sucht?«

Gast: »Also unterm Strich braucht man nur das, was man in unserem Kulturkreis als Anstand bezeichnet?«

Ich: »Genau! Mehr braucht es nicht, als einfach anständig zu sein, vielleicht ein büsschen seinen Verstand zu benutzen und die Ausrichtung des Restorangs zu respektieren.«

***

Das passiert auch den Erfahrensten

Es war bumsvoll, als ich wie Gollum auf Speed durch den Gastraum raste. An einem Tisch saß ein Paar, das auf sein Essen wartete. Sie warteten und warteten. Als Kellner sieht man an der verkrampften, nebst unentspannten Körpersprache, wenn Gäste wirklich lange warten. So ging ich in die Küche und sprach unseren Küchenchef an: »Wo bleibt das Essen für Tisch 19.«

Unser Küchenchef, deutlich genervt, weil er die komplett vollgerotzte Bonleiste nach dem Bon für Tisch 19 absuchte, bis er sagte: »Gibt's nicht.«

Ich: »Wie, gibt's nicht?«

Küchenchef: »Is nich gebucht!«

Ich: »Doch, habe ich gebucht, ganz sicher!«

Küchenchef: »Die Bonleiste ist der Computer des Kochs: Die irrt sich nie!«

Ich: »Man, ey, klar ist der Scheiß gebucht!«

Ich ging zur Kasse, öffnete Tisch 19 und siehe da: Nicht gebucht! Ich hatte es einfach vergessen! Also ab zu den Gästen, mich entschuldigt, was sie annahmen und mich auslachten, und dann kleinlaut in die Küche geschlichen, wo der Küchenchef nur sagte: »6 Bier!«

Egal, wie lange man diesen Job schon macht, es gibt Fehler, die ein Azubi ebenso konsequent durchzieht wie jemand mit 17 Jahren Berufserfahrung!

***

Wir hatten letztens Labskaus als Mittagstisch. Als ich es einem Gast servierte, sagte ein Gast am Nebentisch: »Was ist das denn? Das sieht ja aus wie Kotze.«

Ich: »Das ist Labskaus, ein hanseatisches Traditionsgericht.«

Gast: »Bah, sowas servieren Sie? So eine Pampe kann man doch nicht essen.«

Ich: »Das ist ein uraltes Gericht und ob das schmeckt oder nicht, ist eben auch Geschmackssache.«

Gast: »So wie das aussieht, kann das nicht schmecken.«

Ich entschuldigte mich, ging in die Küche und kam ein paar Minuten später mit einer Probierportion zurück, welche ich dem verdutzten Gast servierte. Der sträubte sich kurz, ließ sich aber dann doch dazu herab zu kosten. Dann blickte er mich verwundert an und sagte: »Das … das ist lecker! Das hätte ich nie gedacht, dass dieser unansehnliche Haufen nach Kotze aussehender Brei so lecker ist.«

Ich: »Ganze Portion?«

Gast: »Gerne!«

Und die Moral von der Geschicht? Nicht alles, was dem Anschein nach scheiße aussieht, schmeckt auch so!

***

Neulich eine Gästin: »Der Schokobrownie, ist der sehr süß?«

Ich: »Ja.«

Gästin: »Und ist der sehr mächtig?«

Ich: »Könnte fast ein Hauptgang sein!«

Gästin: »Und dann machen Sie da noch Schokoladensoße und Krokant drüber?«

Ich: »Ja!«

Gästin: »Und dann noch Eis dazu?«

Ich: »Ja.«

Gästin: »Ist das Ihr Ernst? Wer soll das bitte essen?«

Ich: »Sie?«

Gästin: »Das süße Zeug?«

Ich: »Ja!«

Gästin: »UNBEDINGT, eine extra Portion bitte!«

Scheißegal, wieviel man vorher gegessen hat – Schokolade geht immer!

***

Wenn Gäste zu Stammgästen werden

Letztens eine Gästin: »Wir waren jetzt so … bummelig vier Mal hier und es sind alle so nett zu den Gästen und nett unter sich, toll. Und so bunt gemischt sind Sie alle. Herrlich! Also wir werden jetzt öfters kommen. So entspannt kann man selten den Nachmittag genießen. Wie machen Sie das?«

Ich: »Liebe. Wir lieben unseren Job und wir lieben es, Gäste, die guten Sörwis zu schätzen wissen, so richtig zu verwöhnen. Dazu braucht es kein Schickimicki, sondern einfach nur bodenständigen, ehrlichen Sörwis! Und wenn die Gäste gut drauf sind, macht es umso mehr Spaß und motiviert!«

Gästin: »Geil, das merkt man.«

Also Kollegen: Stock aus'm Arsch und menschlich sein!

***

Probleme von Stadtmenschen …

Gästin: »Echt mal, ich dachte, studieren ist hart anstrengend, aber was ihr hier wegarbeitet, ist echt krass! Ich hatte überlegt, auch Gastro zu machen neben dem Studium, aber das würde ich nicht durchhalten, vor allem weil man immer so nett sein muss.«

Ich: »Muss man nicht immer. Man behandelt vor allem Gäste genauso, wie sie es wollen.«

Gästin: »Das ist viel Psychologie, oder?«

Ich: »Ja, wird aber leider nicht als Abschluss anerkannt, wenn man ein paar Jahre in der Gastro arbeitet.«

Gästin: »Mir ist auch oft aufgefallen, dass Kellner Abfalleimer Menschenmülls sind, den sie bedienen müssen. Wird das nicht irgendwann zu viel?«

Ich: »Nein, es gibt so viele nette Gäste. Man freut sich wirklich an den kleinen Komplimenten, die kleinen Gesten der Dankbarkeit. Und wie gesagt: Wer scheiße ist, bekommt scheiß Sörwis. Man sollte nur eben keine Angst haben.«

Gästin: »Wie im wahren Leben?«

Ich: »Gastro ist das wahre Leben. Hier präsentieren sich manche Menschen so, wie sie außerhalb eines Restorangs nie sein würden. Wir sind gewissermaßen das masochistische Spielzimmer des gesellschaftlichen Dienstleistungsgewerbes.«

***

Inklusion lernt man am besten im Alltag

Neulich kam ein blinder Gast zu uns. Humormäßig auf alle Fälle meine Wellenlänge! Schon bei der Begrüßung sagte er: »Komisch, ich habe Sie noch nie gesehen.« Darauf ich: »Dann sehen Sie doch drüber hinweg!« Wir waren auf Anhieb Freunde. Als ich ihn zum Platz begleitete, bat er mich, ihm die Karte vorzulesen, was er folgendermaßen kommentierte: »Ist zu dunkel zum selber Lesen.«

15 Minuten später.

Er bat mich die Komponenten des Essens in einer bestimmten Anordnung anzurichten, sein Wasserglas gab ich ihm und er stellte es an seine übliche Stelle.

Nach dem Essen sagte er: »Ihre Kollegin ist sehr nett. Wenn ich könnte, hätte ich mich fast in sie verguckt, aber sehen wir mal, was die Zukunft bringt.« Darauf ich: »So gesehen, haben Sie Recht.«

Zum Abschied meinte er »Auf Wiedersehen«, wir mussten sehr lachen. Als ich ihn noch auf die Stufe am Eingang hinwies, entgegnete er: »Hab's kommen sehen.«

Oh man, wie geil, dass es Menschen gibt, die egal in welcher Situation auch immer sie sind, ihren Humor nicht verlieren!

Faszinierend aber, muss ich gestehen, war die Souveränität im Umgang mit einer für ihn völlig fremden Umgebung. Für mich war er nicht behindert, er konnte nur einfach nichts sehen!

***

Ich habe einen Fehler gemacht

Letztens gab es folgende Situation:

Zwei Gäste wollten unbedingt einen Tisch reservieren. Machen wir nicht. Es war Sonnabend, also die Hütte bumsvoll und die Gäste am Telefon am Diskutieren. Ich blieb freundlich, aber sehr direkt und betonte, dass ich niemanden bevorzuge oder benachteilige. Am Abend kamen die beiden auch und wiederholten ihre Unzufriedenheit ob des Umstandes, dass wir keine Reservierungen annehmen, aber sie bekamen einen freien Tisch. Ich hatte überhaupt keine Lust auf die Leute und war eher reserviert als herzlich, machte den Sörwis bei denen ohne Herz.

Dann aber drehte sich die Stimmung. Es wurde doch herzlicher, die Gäste lobten zunehmend das Essen und sogar meinen eher kalten Sörwis. Dann begannen sie, sich mehrmals für den schönen Tisch zu bedanken und wir plauderten über dütt un datt. Am Ende gaben sie ein beachtliches Trinkgeld und nahmen uns zum Abschied in den Arm.

Ich hatte ein so schlechtes Gewissen! Anfänglich waren diese Gäste am Telefon und dann im Restorang penetrant und für mich nervig und ich bedachte sie mit einem entsprechenden Sörwis. Dabei waren es aber total herzliche Menschen. Die Lektion? Nicht immer halten Menschen dem ersten Eindruck stand. Zu schnell bildet man sich ein Urteil, nur um dann am Ende festzustellen, dass es unzutreffend ist. Ich denke, das Problem haben viele Kolleginnen und Kollegen, leider ist dies wohl auch dem Schutz vor der oft miesen Behandlung durch Gäste, Chefs und Kollegen geschuldet, aber mahnt einen doch immer wieder, wie vorsichtig man zuweilen sein sollte.

***

Einmal war trotz Bombenwetters die Terrorasse nicht ganz voll, insgesamt ein entspanntes Arbeiten. Plötzlich kamen vier Tische auf einmal, jeweils zwei Personen, und setzten sich an nah beieinanderstehende Tische. Schon beim Reinkommen, zeigten sie mir an ihrer Art, dass es lustig werden wird. Als sie saßen, stellte ich mich in die Mitte und sagte: »Bevor ich jetzt an jeden einzelnen Tisch gehe, nehme ich von euch allen die Bestellung auf.«

Nachdem alle Bestellungen aufgenommen waren, begannen die Gäste sich durcheinander zu unterhalten. Die kannten sich vorher alle nicht, aber Gespräche entwickelten sich.

20 Minuten später.

Sie schoben die Tische zusammen und setzten sich an die improvisierte Tafel.

3 Stunden später.

Wir machten Feierabend und setzten uns dazu.

5 Stunden später.

Wir gingen alle rotzevoll nach Hause.

So geht Begegnung!

***

Wann der Sörwis am schönsten ist

Ein älteres Paar sitzt auf der Terrorasse. An der Kleidung konnte man bereits ablesen, was sie mir dann im Gespräch erzählten: Für sie ist Essen gehen Luxus. Sie genossen bei dem herrlichen Osterwetter sichtlich, dass wir sie verwöhnten, und waren dafür unglaublich dankbar und herzlich! Am Ende gaben sie sogar ein kleines Trinkgeld und verabschiedeten sich mit der Bemerkung einen so schönen Nachmittag gehabt und sich wie Könige gefühlt zu haben.

Da bewies es sich für mich wieder: Menschen, die wenig Geld haben und sich über einen kleinen Luxus freuen, sind dankbarere Gäste als jene, die glauben, dass man sich mit Geld die ganze Welt kaufen kann und alles selbstverständlich ist. Denn eines kann man sich mit Geld nicht kaufen:

Anstand!

***

Eine sehr alte Dame kam zum Essen. Am Ende, als sie zahlen wollte, hielt sie mir D-Mark-Scheine hin. Auf meinen Hinweis, dass wir keine D-Mark annehmen würden, entgegnete sie: »Aber wir sind doch in Deutschland und ich habe doch noch so viele Scheine zuhause. Ich dachte, man kann damit noch zahlen. Ich muss die ja mal langsam ausgeben, sonst ist die Mark nachher nichts mehr wert.«

Das fand ich so süß, dass ich den Betrag in Mark umrechnete und sie so bezahlen ließ. Später habe ich das Geld dann bei der Bundesbank gewechselt.

***

Wenn Gäste einen bei der Arbeit beobachten, kann dies folgende Gründe haben:

1. Sie sind Tester
2. Sie sind äußerst aufmerksame Gäste (eher selten)
3. Sie sind ehemalige Kollegen

Das letztere war neulich der Fall. Am Ende sagte der Gast zu Ahmed: »Mir ist aufgefallen, dass ihr im Gastbereich Witze miteinander macht und ziemlich locker miteinander und mit den Gästen umgeht. Das kommt nicht in jedem Betrieb gut an, aber ich finde das klasse. Fühlt sich das Personal wohl, überträgt sich das auch auf die Gäste. Seid ihr untereinander sozial, seid ihr das auch mit den Gästen. Ich finde das wesentlich besser, als eine falsche Zurückhaltung oder zu steife oder seriöse Kellner. So muss Gastronomie sein.«

Endlich mal einer, der meine zutiefst verinnerlichte Sörwisphilosophie verstanden hat und begreift, wie Gastronomie der Gegenwart und Zukunft sein muss.

***

Das geht runter wie Öl

Neulich hatten wir ein Geschäftsessen mit lauter fein angezogenen Herren Marke Sparkasse. Am Ende kam einer von denen zu mir und sagte: »Wissen Sie, ich sitze den ganzen Tag im Büro, sehe immer dieselben Menschen und ich verdiene wahrscheinlich das drei- oder vierfache von dem, was Sie verdienen. Aber als ich damals studierte, habe ich auch gekellnert und das war mit die geilste Zeit meines Lebens. Wir hatten sehr viel Spaß und ich habe in der Gastronomie meine Frau kennen gelernt. Sie sollten viel mehr Geld verdienen für die Arbeit, die Sie alle leisten. Versteht die Politik nicht. Machen Sie weiter so, Ihre Arbeit ist manchmal mehr wert als die, die wir machen.«

Ich hätte heulen können und verliebt war ich auch!

***

Das Feierabendjuwel

Eine halbe Stunde vor Küchenschluss war es leer im Laden und wir freuten uns auf einen pünktlichen Feierabend, als ein Gast zur Tür rein kam. Und seien wir mal ehrlich: Da ist jeder erstmal genervt! Aber das waren wir nur kurz, denn er meinte: »Ich hätte gerne das, was am schnellsten geht und dazu ein großes Hefeweizen. Bitte bring mir auch gleich die Rechnung und berechne 10% Trinkgeld gleich drauf.«

Um Punkt 24 Uhr ging der Gast und wünschte uns einen schönen Feierabend. Wir sahen uns alle an und spürten einen leisen Funken Hoffnung.

Ein Gast mit Humor ... hat man ja auch nicht alle Tage

***

Worum es wirklich geht

Neulich ein Stammgast: »Wir kommen so gerne, weil man hier Mensch sein kann. Auch als Gast muss man sich oft irgendwie verstellen, man hat das Gefühl, dass man sich anpassen muss. Viele Restorangs sind Glitzer, Glitzer, alles perfekt und dann hat man auch als Gast das Gefühl, perfekt sein zu müssen. Aber wir wollen das nicht. Weißt du, Olli, oft sind auch die Kellner so unecht, so aufgesetzt. Deswegen gehen wir gar nicht mehr in Sterne-Läden oder überkandiedelte Restorangs sondern lieber in solche, wo man sich wirklich wie zuhause fühlt, weil alles authentisch ist. Warum tun sich so viele damit so schwer?«

Ich: »Weil die äußere Perfektion den eigenen Anspruch widerspiegeln soll, ob gerecht- oder ungerechtfertigt. Ich hatte damals schon den Eindruck, dass man sich auch super hinter dieser Glitzerfassade verstecken kann, aber es gibt eben auch Gäste, die diese Unauthentizität wollen. Viele verkaufen Illusionen. Darum geht es letztendlich.«

Gast: »Leider. Das kommt so entmenschlicht rüber. Maschinen statt Menschen. Alle gleich, alle ohne Individualität. Ich merke das sofort und deswegen gehe ich lieber dahin, wo Fehler und Perfektion zusammen gehören.«

Und da denken wir zuweilen, Gäste bekommen gar nichts mit?

MITNICHTEN!

Und ab ins Kühlhaus ...

Neulich meinte ein Gast zu mir: »Also man merkt ja oft, dass die Bedienungen nicht so auf zack sind. Aber wenn es einer gelernt hat, merkt man es schon. Heute ist ja alles schnell, schnell und so unpersönlich. Es redet ja kaum noch ein Kellner. Außer Ihnen. Sie reden wie ein Wasserfall.«

Ich: »Ja, gelernt habe ich den Beruf übrigens auch.«

Gast: »Haben Sie das so richtig gelernt?«

Ich: »Ja.«

Gast: »Merkt man nicht sofort, aber aus Ihnen ist ja trotzdem was geworden!«

Ich: » .... danke .....«

Gast: »Da nicht für. Mein Enkel hat die Kurve auch erst spät gekriegt, Sie sind auf einem guten Weg.«

Ich gehe nicht nur zum Lachen ins Kühlhaus.

***

Wir haben ein Paar als Stammgäste. Ein schwules Paar. Die saßen in der Ecke und küssten sich. Einem anderen Paar (dem Akzent nach aus Süddeutschland) am Nachbartisch wurde es irgendwann zu viel und so meinte der Mann: »Haben Sie kein Zuhause, wo Sie das machen können?«

Einer der Männer: »Zuhause machen wir noch ganz andere Sachen, Schätzchen! Das hier ist die light show!«

Der Tourist: »Ja, was sollen denn die Kinder denken?«

Der andere Mann: »Dass wir uns lieben?!«

Ich machte an einem der Nebentische Sörwis, als Ahmed zu mir kam, mir einen Kuss auf die Wange gab und fragte: »Na, Süße, alles klar?«

Woraufhin ich ihm einen Klapps auf den Hintern gab und antwortete: »Sichi, Prinzessin!«

Die Touristen sahen uns entrüstet an, was ich mit dem Kommentar quittierte: »Wü sün hier in Hamboch, hier mookt jeder datt, watt he wüll!«

***

Kann passieren

Als ich einem Gast die Kalbskoteletts servieren will, winkt er ab und sagt: »Das habe ich nicht bestellt.«

Ich: »Doch!«

Gast: »Nein!«

Anderer Gast: »Doch, Karl, hast du. Du hast Kotelett bestellt.«

Gast: »Nein, Kabeljau.«

Ich: »Ok, Sie haben Kotelett bestellt, meinten aber Kabeljau?«

Gast: »Ich sag doch: Kabeljau. Ich habe das einfach verwechselt.«

Ich: »Oookeee, also wollen Sie Kabeljau?!«

Gast: »Ja, genauso wie ich es bestellt habe.«

Guuut ... das eine steht auf der Weide und das andere schwimmt im Meer ... kann man mal verwechseln!

***

Wenn die Ehefrau zu unserer Verbündeten wird

Die Hütte bumsvoll und ein 6er-Tisch reserviert. Als die Gäste nach gut 15 Minuten noch nicht da waren, verkaufte ich den Tisch an eine Familie. Dann kamen kurz danach die Gäste – es waren ca. 17 Minuten nach vereinbarter Uhrzeit.

Gast: »Wir haben einen Tisch reserviert auf den Namen ***.«

Ich: »Den habe ich an andere Gäste gegeben.«

Gast: »Bitte was? Wie meinen Sie das?!«

Ich: »Wir haben keinen anderen Tisch frei.«

Gast: »Aber wir haben schließlich reserviert und Sie geben den weg?«

Ich: »Sie haben um 19 Uhr reserviert. Jetzt ist es 19:20.«

Frau: »Ich habe dir ja gesagt, du musst anrufen.«

Mann: »Also, das habe ich noch nie erlebt und du fällst mir in den Rücken?!«

Frau: »Sonst telefonierst du auch permanent und jetzt bist du dir zu schade, uns verspätet zu melden.«

Mann: »Das ist doch die Höhe! Wofür reservieren wir denn?«

Frau: »Das ist wie im Urlaub, wo du immer die Liegen mit Handtüchern belegst. Das ist mir auch immer peinlich!«

Fluchend ging der Mann wieder raus und die Frau sagte zum Abschied: »Mein Mann war Physiker, die kennen sich mit Zahlen aus, aber können die Uhr nicht lesen!«

Geile Ehefrau!

***

Wenn Situationskomik am besten ist

Ein Gast zahlte mit einem 200er. Ich konnte nicht wechseln und bat Ahmed um Hilfe. Der konnte auch nicht wechseln. Ich stand also ratlos mit meinem 200er da, als eine Azubine auf mich zukam, mich anlächelte und völlig trocken fragte: »Na, wie hättest du es gerne?«

Eine kurze Sekunde der Ruhe verging, bevor wir anfingen vor Lachen zu brüllen.

***

Neulich ein Gast: »Sagen Sie, haben Sie Cannabis?«

Ich: »Öhm ... also ... so einen Schweinkram habe ich gerade nicht bei mir.«

Gast: »Wieso Schweinkram? Das ist doch lecker!«

Ich: »Ähm ... das weiß ich offiziell nicht, weil es ja auch verboten ist.«

Gast: »Quatsch, das ist doch nicht verboten!«

Ich: »Logen, ist das verboten!«

Gast: »Was soll denn an Tintenfisch verboten sein.«

Ich: »Moment ... Sie meinen Calamaris?!«

Gast: »Sag ich doch!«

Ich: »Nee, Sie haben Cannabis gesagt!«

Gast: »Hab ich?«

Ich: »Ja, haben Sie.«

Gast: »Naja, ist beides lecker.«

Und ab ins Kühlhaus!

***

Wenn der Kellner zum Schlichter wird

Nachdem ein Gast gezahlt hatte und gegangen war, kam er kurze Zeit später ziemlich sauer wieder zurück, ging zu einem Tisch und sagte zu einem Mann, welcher sich gerade ein Stück Fleisch in den Mund schieben wollte: »Das ist doch Ihr Panzer da draußen, oder?« Er deutete auf einen SUV. Der Beschuldigte sah nach draußen und antwortete: »Ja, das ist meiner.«

Opfer: »Sie haben mich zugeparkt, ich komme nicht mehr raus.«

Täter: »Das kann nicht sein, mein Abstandssensor hat nicht gewarnt.«

Opfer: »Dann gucken Sie mal, wie nah Sie an mir dran stehen.«

Täter: »Das ist der Vordermann. Der hat Sie zugeparkt.«

Opfer: »Nein, der kam vor Ihnen.«

Täter: »Nein, das weiß ich genau, weil ich vorhin aus meinem Auto noch meine Lactostopper holte.«

Opfer: »Es ist doch immer dasselbe. SUV-Fahrer glauben, ihnen gehört die Straße! Mit Ihren Panzern blockieren Sie alles!«

Der Täter guckte nochmal aus dem Fenster: »Sie haben einen Kombi? Der ist genauso lang wie mein SUV, also verstehe ich den Hass nicht.«

Opfer: »Wenn Sie nicht sofort Platz machen, rufe ich die Polizei.«

Bis dahin verfolgte ich den Fight mit einer Tasse Kaffee, bis ich mich doch veranlasst fühlte, einzugreifen.

»Meine Herren, bitte, das können wir doch alles regeln Hinter Ihnen (also hinter dem SUV) ist doch eine Lücke frei. Setzen Sie doch einen Meter nach hinten, damit der Herr losfahren kann.«

Täter: »Wenn er mich darum bittet?! Aber nicht in diesem Ton!«

Opfer: »Also, das ist doch die Höhe, jetzt soll ich noch bitte sagen? Na, ich rufe die Polizei.«

Ich an den SUV- Fahrer: »Büdde, büdde.«

Und an das Opfer: »Wissen Sie, was ein Polizeieinsatz kostet? Die sollen für Sicherheit sorgen und nicht Supernanny spielen.«

Opfer: »Bitte, was?!«

Ich: »Man kann freundlich fragen, ob der Herr so nett wäre ...«

Opfer: »Sie fahren wohl auch SUV?!«

Ich: »Ich bin Kellner. Könnte ich mir so eine Schleuder leisten, wäre ich einer dieser bekloppten Sterneköche aus dem Fernsehen.«

Täter: »Bin gleich wieder da ...«

Er fuhr seinen Wagen zurück. Als sich Opfer und Täter beim Rein- bzw. Rausgehen begegneten, sagte das Opfer zum Täter: »Ich zeige Sie trotzdem an!«

***

Und ich wunderte mich erst ...

Letztens hatten wir 'ne fette Party – 70 Personen, fast nur Männer, Selbstzahler. Vereinbart war, dass die Getränke am Tresen direkt bestellt und bezahlt werden. Und jeder von den Gästen, wirklich JEDER, verlangte einen Bon, nach jeder Bezahlung. Erst dachte ich, die sind von der Behörde oder so kleinkarierte Steppjackenträger, aber am Ende kam der Veranstalter zu mir und sagte: »Den ganzen Papiermüll sammeln wir und schicken den dem Scholz nach Berlin! Der wird noch bereuen, Hamburg verraten zu haben.«

Sehr geile Challenge, da spielen wir jetzt auch mit!

***

Als Bibi den Gästen, darunter ein kleiner Junge, das Essen serviert, fragt der Sohn verwundert die Mutter: »Mami, bist du auch Kellnerin?«

Die Mutter: »Nein, wie kommst du denn darauf?«

Kind: »Weil du Papa auch immer das Essen bringst.«

Darauf der Vater zu Bibi: »Wie hoch sind denn die Tariflöhne?«

Darauf Bibi zur Mutter: »Laufen Sie, solange Sie noch können!«

Wir haben so gelacht!

***

Ich liebe Tussis

Letztens kam ein Pärchen zu uns, er Marke Ralf Möller und sie Carmen Geiss vor 20 Jahren.

Er: »Probiere mal Austern.«

Sie: »Was ist das denn?«

Er: »Muscheln.«

Sie: »So welche wie vom Strand.«

Er zu mir: »Bring mal bitte sechs Stück.«

Als ich die Austern servierte und sie eine probierte, würgte sie sie runter und sagte: »Bah, man, das schmeckt ja wie Sperma, voll ranzig das Zeug ... äärg!«

Er lachte und aß die übrigen, während sie mich fragte: »Was ist denn Dorade? Das klingt wie Dorie von Findet Nemo, aber wenn das so ein süßer Fisch ist, dann will ich den nicht.«

Er: »Jetzt bestell den. Das ist guter Fisch.«

Sie: »Nee, da muss ich an Dorie denken. Nee, ich nehme ... Frischlingsmedallions ... Was ist denn Frischling?"

Er: „Baby Schweine."

Sie: „So wie ein Schweinchen Names Babe? Boh, das ist voll fies! Die können sich doch gar nicht wehren, wenn die so klein sind.«

Er: »Deswegen werden die auch mit der Panzerfaust erlegt.«

Sie: »Boh, halt die Fresse, du Spacken! Ich werde Veganerin.« Woraufhin sie mich ansah und fragte: »Haben Sie was Veganes?«

Ich: »Nein.«

Sie: »Was ist denn Rinderfilet?«

Ich: »Das ist ein Teil des Rindes, den das Rind nicht braucht.«

Sie: »Mega, dann nehme ich das.«

Der Mann zwinkerte mir nickend zu, dann folgte ich den anderen ins Kühlhaus.

***

Also lustig anzusehen war es schon

Es muss irgendwann passiert sein, dass eine Tischplatte locker wurde. Und es kann passieren, dass es einem erst dann auffällt, wenn es einem Gast auffällt.

Und wie ihr das sicher auch kennt, helfen sich viele Gäste selber und versuchen den kippelnden Tisch zu stabilisieren, statt einen Kellner um Hilfe zu rufen.

Also versuchten zwei Gäste mit Hilfe von Taschentüchern, welche sie unter die Tischfüße klemmten, das Wackeln in den Griff zu bekommen. Aber egal, was sie auch taten, die Tischplatte blieb nicht ruhig. Es verging eine ganze Zeit und etliche Versuche, bis einer der Gäste mich genervt und resigniert um Rat bat. Als ich ihnen zeigte, dass die Tischplatte lose war, brachen wir in schallendes Gelächter aus.

***

So geil

Zwei Männer setzten sich an einen Tisch, bestellten Kaffee und fingen an, sich folgendermaßen zu unterhalten:

Gast 1: »Ich würde jetzt lieber ein Bier trinken.«

Gast 2: »Ja man, aber meine Alte würde dann wieder rummeckern, dass es zu früh ist.«

Gast1: »Meine auch. Eigentlich wollte ich heute Pauli gucken, aber wir mussten stattdessen spazieren gehen.«

Gast 2: »Meine joggt neuerdings und das muss ich auch mitmachen. So eine Scheiße, ey!«

So ging es die ganze Zeit.

Irgendwann kamen zwei Frauen ins Restorang. Die beiden Männer standen auf und begrüßten die wie zwei junge Welpen. »Hi, Schatz!«, »Ich koche heute Abend!« oder »Ach, Kaffee schmeckt auch gut!« waren dann die Sätze der Männer.

Ich ging ins Kühlhaus

***

Uwe

Als ich morgens zur Arbeit kam, war Uwe schon wach. Uwe ist wohnungslos. Er darf auf der Terrorasse oder im Innenhof schlafen und passt dafür etwas auf. Wenn er mal 'ne Zeitlang bei uns schläft, trinken wir einen Kaffee und er bekommt ein Frühstück, wobei wir uns dann immer unterhalten.

Meinte er zu mir: »Nur Asoziale unterwegs gewesen letzte Nacht. Ich kann dieses unkultivierte Pack nicht leiden. Einer wollte gegen die Hecke pissen, da habe ich ihm einen Eimer Wasser drüber gekippt. Der war so besoffen, der hat das nicht mal gemerkt. Aber die Terrorasse blieb sauber.«

Ich: »Du sagst es, Uwe! Ich mach mal Mettbrötchen.«

***

Ich liebe asiatische Gäste, ehrlich.

Letzens einer: »Tea, tea, tea!«

Ich: »Which kind of tea do you prefer?«

Gastiate: »Yes, yes.«

Ich: »Black, green, Herbal?«

Gastiate: »Yes, yes.«

Ich: »Möchten Sie auch meine Exfrau mitnehmen, ok?«

Gastiate: »Yes, yes.«

Oh man, die sind so höflich. Wenn die wüssten, was wir für einen Schalk im Nacken haben ...

Und wieder eine neue Wortschöpfung: Gast + Asiate = Gastiate.

***

Kühlhausgeschichte

Einmal fragte mich ein Gast: »Ich bin kein Gast, aber würde gerne Ihre Toilette benutzen. An der Tür steht aber, dass es 50 Cent für Nicht-Gäste kostet, ist das korrekt?«

Ich: »Ja.«

Gast: »Gut. Ich sehe nicht ein, 50 Cent zu zahlen, deswegen bestelle ich jetzt eine Cola und kann dann umsonst auf Toilette?«

Ich: »Ja.«

Gast: »Gut, dann eine Cola bitte.«

Er bekam die Cola und ich musste schnell zum Lachen ins Kühlhaus. Bezahlt der doch tatsächlich 2,50 Euro für eine Cola, um dann statt für 50 Cent umsonst auf Klo gehen zu können.

Ist der panne, man!

***

Wenn dich deine Speisekarte rettet

Es war ein normaler Mittag. Im Restorang saßen glückliche Gäste und genossen den Mittag, als es draußen plötzlich laut wurde. Ein Schatten zog sich über die Terrorasse, als etwa 30 Jugendliche mit der Lautstärke einer explodierenden Atombombe nach freien Plätzen suchten. Bei meinen Kollegen und mir wich die Gesichtsfarbe blanker Panik. Da einer der Kollegen am Tag zuvor zu spät gekommen war, war er das Opfer, um diesen Pulk zu bedienen.

Aber dazu kam es nicht. Die Lehrerin kam zum Tresen und fragte, ob wir Burger hätten. Die Klasse möchte Burger. Ich verneinte und die Lehrerin fragte, wo man denn welche bekäme. Da ich mit einem Kollegen aus einem anderen Betrieb noch eine Rechnung offen hatte, schickte ich sie da hin.

Nach 10 Minuten herrschte wieder einträgliche Ruhe.

***

Wenn ich mich im Ton vergreife

Ihr kennt ja meine Schnauze. Und jetzt habe ich mal ein abschreckendes Beispiel dafür, dass auch ein Olli mal richtig daneben greifen kann.

Passt auf: Ich bin gerade auf der Terrorasse am Machen, als ich ein sich näherndes Knattern wahrnehme. Dann sehe ich eine Harley vor unserem Laden halten. Ein Typ

Marke Ralf Müller steigt ab und kommt tatsächlich in unseren Laden. Schwarze Kutte, Sonnenbrille, bis unters Dach tätowiert, eben typisch Rocker. Er setzt sich und bestellt einen Latte Macchiato. Daraufhin grinse ich ihn an und frage: »Noch einen Prosecco dazu?«

Er stockt kurz. Ein flüchtiges Ansatzgrinsen ist zu erkennen, als er antwortet: »Ganz schön mutig, Kleiner. Aber meine Pussys kommen gleich, die kannst du fragen.«

Die Pussys kamen. Etwa 10 weitere Rocker hatten sich bei uns vor einer Ausfahrt auf einen Kaffee verabredet.

Ich fragte nicht, ich versteckte mich. Im einzigen Raum, der mir ein Gefühl vertrauter Sicherheit gab: Dem Kühlhaus!

***

Mich musste es wohl auch mal treffen

Ich machte auf der Terrorasse meinen Dienst und musste einen richtigen Kotzbrocken bedienen. Der Typ beschwerte sich permanent und trug alles in ein kleines Büchlein ein. Gemecker hier, Gezeter dort und überhaupt war alles schlecht. Ich spürte ein leichtes, aggressives Zittern und diesen Wutdruck in der Brust. Aber der Gast hörte einfach nicht auf zu maulen, stieß dann noch sein Wasserglas um und behauptete, dass das Glas ohnehin defekt war. Als ich bereits dabei war, ihn rauszuwerfen, kam ein Kollege, nahm mich in den Arm und sagte: »Bleib cool. Das ist mein Vater. Wir wollten dich mal so richtig verarschen!«

Boh, was haben wir gelacht! Ich falle auch immer wieder darauf rein!

***

Wenn Kellner es wörtlich nehmen

Einmal saß ein Gast alleine auf der Terrorasse. Ich stand am Tresen und sah, wie Bibi seine Bestellung annahm und sehr, sehr langsam reinkam. Dann sagte sie zu mir: »Bin kurz eine rauchen, der Gast kann warten.« Ok, ich dachte mir nichts dabei, sah aber, dass der Gast ob der Wartezeit etwas ungeduldig zu werden schien. Bibi kam wieder und brachte ihm in Zeitlupengeschwindigkeit seine Bestellung. Als sie wieder reinkam, fragte ich sie, was das solle, worauf sie antwortete: »Der nennt mich permanent Schnecke. ›Ey, Schnecke, komm mal her!‹ Und wenn er mich so nennt, benehme ich mich auch wie eine. Außer schleimen, das kann der vergessen!«

Erziehung mal unkonventionell!

***

Es klappt wirklich immer wieder … IMMER

Ein Gast bestellte eine Flasche Rotwein. Als ich sie ihm präsentierte, griff er zu. Das ist normal, viele Gäste wollen die richtige Temperatur ertasten. Jedoch umfasste er nicht den Flaschenkörper, sondern den Flaschenhals und sagte fachmännisch: »Der Flaschenhals ist viel zu warm, das beeinträchtigt das Aroma.«

Ich: »Oh, verzeihen Sie, ich bringe Ihnen sofort eine neue Flasche.«

Also ging ich einmal um den Block und präsentierte ihm dieselbe Flasche erneut.

Und siehe da? Plötzlich war die Temperatur ideal. »Sie sind ein richtiger Kenner,« sagte ich gespielt beeindruckt, worauf er wohlwollend antwortete: »Ja, ich habe lange in Frankreich gelebt und kenne die Wein-Szene wie kaum ein anderer.«

Ich war zutiefst beeindruckt!

***

Klingt verrückt, ist aber so

Zwei nach Geschäftsmännern aussehende Gäste genossen ein normales Mittagessen. Am Ende fragte mich der eine: »Trinkgeld oder Schokolade?«

Er hatte eine Tüte voll mit qualitativ ziemlich guter Schokolade. Mit Schokolade kannst du aber deinen Einkauf nicht bezahlen oder sparen. Schokolade ist eben nur eines: Lecker aber »wertlos«.

Deswegen haben wir uns im Team einhellig für die Schokolade entscheiden!

Scheiß auf Geld!

SCHOKOLADE, MAN!

***

Wegen unserer Regenbogenflagge meinte ein Gast: »Ich finde das ja ok, aber müssen die Schwulen denn ihre Neigung öffentlich demonstrieren?«

Ich: »Ja.«

Gast: »Die können das doch auch zuhause machen.«

Ich: »Tun Sie in der Öffentlichkeit so, als würden Sie Ihre Frau nicht kennen, sie nicht anfassen oder ihr mal flüchtig einen Kuss geben?«

Gast: »Das ist doch was ganz anderes.«

Ich: »Liebe kennt keine menschlichen Regularien. Niemand sollte sich für seine Liebe rechtfertigen müssen. Oder Ahmed?«

Und Ahmed: »Genau, mein Süßer.«

Und Ahmed zu Susi: »Oder Liebste?«

Und Susi zu Ahmed: »Genau Baby.«

Wir sind alle in love!

***

Was für 'ne Plumpskuh!

Da fragt mich doch glatt eben so 'ne Endgegner-Turbomutti, ob sie für ihr Kind eine Apfelschorle haben kann. Aber aus einer ungeöffneten Flasche, weil bei geöffneten Flaschen durch die Flughefe eine fortgeschrittene, alkoholische Gärung einsetzt und ihr Kind dadurch zu viel Alkohol zu sich nehmen würde.

Kennt man ja aus dem Kindergarten: Party Hard mit Apfelschorle, Koks und Nutten!

***

Neulich hat sich ein Gast zwei Hauptgänge als Vor- und Nachspeise bestellt. Seine Frau kommentierte es: »So wirst du keine 60 Jahre alt.« Worauf der Mann antwortete: »Wer früher stirbt, hat länger was vom Tod!«

Und ab ins Kühlhaus!

***

Sagte eine Gästin: »Das Kartoffelgratin schmeckt nicht.«

Ich: »Was genau schmeckt denn nicht?«

Gästin: »Erstens ist es total kalt und zweitens überhaupt nicht überbacken.«

Ihr Mann brüllte los vor Lachen.

Ich: »Das ist Kartoffelsalat!«

***

Bewertung des Monats

»Das Restaurant ist super, die Küche gut und der Service macht seine Arbeit insgesamt empfehlenswert, aber eine Sache muss verbessert werden, unbedingt. Die Toilettentüren sind im Verhältnis zur Kabine zu groß und öffnen sich nur nach innen, was für fette Menschen ein Problem ist, weil man die Tür nur umständlich zumachen kann. Entweder müssen kleinere Türen eingebaut werden oder man öffnet sie nach außen. Sonst zu empfehlen, wir kommen wieder.«

Aber immerhin 4 von 5 Sternen!

***

Irgendwann sollte es auch mich treffen

Ahmed kommt zu mir und sagt: »Du, die Stammgäste von Tisch 4 sind total sauer und entrüstet.«

Ich: »Wat?! Wat is denn los?!«

Ahmed: »Ja, keine Ahnung, du sollst mal zum Tisch kommen.«

Ich also entsprechend nervös zum Tisch, da pöbelt mich unser langjähriger Stammgast an: »Was ist denn bei euch los? Hier klappt heute ja wirklich überhaupt nichts! Wir kommen seit Jahren, wie du weißt, aber sowas ist uns noch nie untergekommen. Das Essen total kalt und versalzen, Ahmed mega unfreundlich und unkonzentriert. Wir haben es ja schon eine Weile bemerkt, aber uns nichts dabei gedacht, doch es wird hier immer schlechter!«

Ich kreideweiß: »Ähm ... ich ... also ... Sorry, aber das wusste ich nicht ... können wir ...«

Gast: »Wir kommen definitiv nie wieder, nichts können wir!« Und an Ahmed gewandt: »Oder Ahmed?«

Ahmed: »Nichts, außer Olli mal so richtig zu verarschen!«

Ich: »Hä???«

Die Gäste und Ahmed lachen los, Ahmed: »Wer austeilt und permanent andere verarscht, ist auch mal dran!«

Und der Stammgast: »Das war unsere Idee, wir wollten dich mal so richtig vorführen!«

Dann fiel der hypersensible Stress weg und wir lachten.

Ahmed ... dieser kleine *** bekommt das noch zurück!

***

Der folgende Dialog ist vom Englischen ins Deutsche übersetzt

Gästin bestellt eine Scholle mit Krabben. Als ich sie serviere, deutet sie auf die Krabben und sagt: »Das sind ja Würmer.«

Ich: »Nein, das sind Krabben.«

Sie: »Was sind denn Krabben?«

Ich: »So etwas wie Garnelen aber in ganz klein.«

Sie: »Also Babys? Das sind Babygarnelen.«

Ich: »Nein, die sind auch ausgewachsen so klein.«

Sie: »Die sehen ja aus wie ganz kleine Mini-Croissants. Ich habe noch nie so kleine Schwänze gesehen.«

Da musste ich loslachen. Zum Glück schien sie nicht zu verstehen, wieso.

Ich: »Probieren Sie sie einfach. Die sind lecker!«

Sie nimmt eine zwischen zwei Finger, riecht dran, beißt ab und sagt: »Schmeckt nach Fisch. Also wie kleine Fische.«

Ich: »Naja ... Hauptsache es schmeckt Ihnen.«

Sie: „»o kleine Schwänze habe ich noch nie probiert.«

Ok, ab da ging es ins Kühlhaus. Vor allem, weil sie es unbedarft aussprach, aber …

***

Letztens steht ein Gast am Toaster … er wartet und wartet … dann sieht er nach, ob das Toast braun genug ist, schiebt es wieder in den Toaster und wartet und wartet und wartet … dann sieht er nach, ob es braun genug ist, schiebt es wieder in den Toaster und wartet und wartet. Nach einer gefühlten Ewigkeit ruft er mich zu sich und sagt: »Sie sollten mal einen neuen Toaster kaufen, so langsam und schwach wie der ist.«

Ich: »Ich kann es beschleunigen.«

Dann ging ich um die Ecke und steckte den Stecker in die Dose, welchen der Kollege vergessen hatte einzustecken, aber glücklicherweise hat es der Gast ja nicht bemerkt!

***

Flexible Hochhäuser

Ein Gast im Freigehege: »Sagen Sie mal, Herr Ober … Vor Kurzem stand da hinten noch ein Hochhaus. Das ist jetzt weg. Wieso wurde das denn abgerissen? Das sah ja noch sehr neu aus. Oder wurde da gepfuscht?«

Ich: »Das war kein Hochhaus, sondern ein Kreuzfahrtschiff.«

Gast: »Was? Wir dachten das war ein total hässliches Gebäude.«

Ich: »Hässlich ja, aber ein Hochhaus mit Schrauben.«

***

Wenn man(n) nur was Leichtes essen will
Oder : Das »Tussischnitzel«

Neulich ein Gast: »Pfff, bei dem Wetter würde ich gerne was Leichtes essen.«

Ich: »Klar, kann ich verstehen. Ne entspannte Suppe vielleicht?«

Gast: »Neee, schon was mit mehr Gehalt.«

Ich: »Ok ... Salat geht ja immer, oder?«

Gast: »Ja, das ist gut. Aber bitte keinen Biogarten, sondern büsschen was mit Fleisch.«

Ich: »Huhn?«

Gast: »Neee, kein Tussischnitzel.«

Ich: »Ok, ich habe auch sehr geiles Hüftsteak.«

Gast: »Ja, das nehme ich. Hast du das so regulär auf der Karte?«

Ich: »Ja.«

Gast: »Wie groß?«

Ich: »200 Gramm.«

Gast: »Dann nehme ich die 200 Gramm und Salat dazu.«

Ich: »Gerne.«

Gast: »Hast du eigentlich Pommes?«

Ich: »Nee, aber Bratkartoffeln.«

Gast: »Geil. Dann nehme ich die. Und was hast du für Soße?«

Ich: »Magst du Kalbsjus?«

Gast: »Ja, die nehme ich ... aber das wird mir doch etwas zu viel ...«

Ich: »Sollen wir einfach den Salat weglassen?«

Gast: »Ja ... ja, lass weg. Salat ist eh nur Deko.«

Den habe ich so gefeiert!!!!

***

Letztens ein Gast auf der Terrorasse: »Gehört das Restorang auch zu Ihnen oder nur die Terrasse?«

Ich: »Nein, nur die Terrasse. Wir sind auf der anderen Straßenseite und gehen hier einfach immer durch das Restorang unseres Konkurrenten. Da wir Kellner aber alle gleich aussehen, hat er das noch nicht mitbekommen.«

***

Kellner sind mittendrin statt nur dabei

Ein Pärchen sitzt im Restorang. Der Mann lässt es richtig krachen und bestellt vom Feinsten. Da sagt die Frau zu ihm: »Tim? Dir ist hoffentlich klar, dass das alles nicht low carb ist und du das wieder abtrainieren musst?«

Tim: »Mir egal, ich will mal wieder richtig fett essen.«

Frau: »Tim …? Wir hatten aber darüber geredet. Du übertreibst wieder, wirst fett und hast dann keinen Bock mehr auf Fitness.«

Tim: »Habe ich auch echt nicht mehr. Wenn man sich für das Abgeracker nicht belohnen darf, quäle ich mich auch nicht mehr!«

Frau: »Tim, ich möchte keine Fahrwassertonne als Mann!«

Tim: »Und ich habe keine Lust mehr, den Daniel Aminati zu spielen.«

Ich wollte eigentlich nur Wasser nachschenken, da guckt die Frau mich an und sagt: »Sie sind ja auch ein Mann, können Sie ihm nicht mal zureden?«

Darauf ich: »Ich laufe jeden Tag 10 Kilometer.«

Die Frau beeindruckt: »Wow, siehst du Tim?«

Darauf ich: »Ja, und wenn ich nach 10 Kilometer Kellner-Run nach Hause komme, gibt es erstmal fett Burger mit Bier.«

Tim brach in schallendes Gelächter aus, während seine Freundin nur noch stumm und kopfschüttelnd da saß. Ein Glück hat er bezahlt, sonst wäre das Trinkgeld wohl auch low carb ausgefallen.

***

Ok, jetzt mal alle weinaffinen Kollegen weiterlesen

Zwei Gäste bestellten eine echt gute Flasche Rotwein. Sie hatten sich viel zu erzählen, also baten sie mich, die Flasche auf den Tisch zu stellen, um sich selbst nachzuschenken. Als letzten Hinweis sagte ich noch: »Der Wein hat Depot.«

Gast: »Was ist das?«

Ich: »Das sind Farb- und Gerbstoffe, die sich mit der Zeit am Boden der Flasche sammeln.«

Gast: »Ah, ok, danke. Den Rest machen wir.«

»Also ohne dekantieren, ok«, dachte ich mir. Als ich wenige Minuten später an der Kasse stand, sah ich, wie der eine Gast dem anderen etwas vom Wein einschenken wollte. »Halt!«, rief der Gast, »du musst doch die Flasche erst schütteln, damit sich der Depot mit dem Wein wieder verbindet.«

Darauf der andere Gast: »Ah, wie beim Hefeweizen, richtig?«

Der andere: »Genau erkannt.«

Daraufhin schüttelte der Gast die Flasche Rotwein wie ein Barkeeper den Boston Shaker. Ich war so schnell im Kühlhaus wie noch nie!

***

So kann man das auch interpretieren

Gästin: »Ich hätte gerne die Allergikerkarte.«

Ich: »Sie meinen die Allergenkarte?«

Gästin: »Nein, die Allergikerkarte. Wo alle Speisen für Allergiker aufgeführt sind. Die müssen Sie haben, dazu sind Sie verpflichtet.«

Ich: »Sie verwechseln es. Sie meinen die Allergenkarte, wo alle Inhaltsstoffe jeden Gerichtes aufgeführt werden.«

Gästin: »Ja, sag ich doch. Die Speisen sind ja dann frei von allergieauslösenden Inhaltsstoffen.«

Ich: »Nein, die Karte zeigt Ihnen nur, ob in einem Gericht Ihrer Wahl etwas enthalten ist, was Ihre Allergie auslösen könnte.«

Gästin: »Das ist ja umständlich. Wieso machen Sie nicht gleich alle Gerichte allergiefrei?«

Ich: »Weil wir dann nur noch ein Gericht auf der Karte hätten.«

Gästin: »Und welches?«

Ich: »Eiswürfel!«

***

1, 2 oder 3 – Ob du wirklich richtig stehst, siehst du, wenn das Licht an geht

Zwei Gäste auf der Terrorasse. Obwohl es kühler ist, als die anderen Tage, wollten sie draußen sitzen. Aber dunkle, grau-blaue Wolken kündigen Regen an. Oder doch nicht?

Frau: »Uwe, lass uns reingehen. Gleich regnet es.«

Uwe: »Ja, ok, Marita.«

Sie gehen rein.

Dann passierte nichts von wegen Regen.

Uwe: »Komm, Marita. Lass uns wieder raus, es gibt keinen Regen.«

Marita: »Ok, gut.«

Es kamen paar Tropfen.

Uwe: »Komm, doch lieber rein.«

Marita nickte.

30 Minuten später: beide wieder raus.

Dann wurde es doch kühler und beide wieder rein.

Und wir standen da und sahen aus wie das Publikum beim Tennis: Blick nach rechts, Blick nach links.

***

Der Medizinkäse

Letztens ein Gast beim Frühstück: »Der Schimmelkäse schmeckt wie Hustensaft, ist das normal?«

Ich: »Ja, das ist ein Penicillium. Also ein Pilz mit positiven Eigenschaften.«

Gast: »Also voll mit Antibiotika? Das ist doch nicht gut. Wenn man zu viel davon isst, wirkt das Penicillin im Ernstfall doch gar nicht mehr. Überall sind ja mittlerweile Antibiotika enthalten, im Fleisch, im Gemüse und jetzt auch im Käse? Also das sollten Sie aber deklarieren.«

Ich: »Ähm ...«

Gast: »Ich habe noch nie gehört, dass man bei einer Erkältung Käse essen soll.«

Ich: »Ich ... muss eben kurz im Kühlhaus das Fenster zu machen, nicht dass es draußen zu warm wird.«

***

Ein junges Pärchen im Restorang. Sie guckt in die Spargelkarte, er in die normale. Plötzlich sieht sie auf und sagt zu ihrem Freund: »Du, ich möchte Drillinge. Willst du auch?«

Da guckt ihr Freund sie schockiert an und sagt: »Wir haben doch schon zwei Kinder, das langt!«

Daraufhin sieht sie ihn einige Sekunden emotionslos an und sagt: »Drillinge sind Kartoffeln, du Depp!«

Ich liebe meinen Beruf, aber ins Kühlhaus schaffte ich es nicht mehr.

***

Günther

Ein älteres Ehepaar betritt das Restorang. Als der Mann sich anmelden will, sagt seine Frau: »Günther, lass mich das mal machen. Also wir haben für zwei reserviert.«

Als ich die beiden zum Tisch führe, sagt Günther: »Ilse, wollen wir hier sitzen?«

Ilse: »Günther, du weißt doch, dass es mich im Nacken zieht.«

Günther: »Dann da?«

Ilse: »Herr Ober, wir nehmen den Tisch da drüben.«

General Ilse befahl, also gehorchten wir. Den Namen Günther hörte ich den Abend bestimmt tausendmal. »Günther, denke an dein Cholesterin.« »Günther, kauen und dann schlucken.« »Günther, ein Bier reicht.«

Am Ende, als Ilse auf die Toilette gegangen war und Günther zahlen musste, sagte er mir: »Ich bringe den Drachen um, sobald ich zu alt für dat Gefängnis bin.«

Ich lag am Boden vor Lachen!!!

***

Kamen zwei Typen in den Laden, die aussahen wie gedopte Schwarzeneggers in schwarzen Anzügen. Der eine sagte zu mir: »Wir sind türkische Unternehmer und wollen jetzt (!) das Restaurant kaufen.«

Ich sah den Al Capone aus Ankara dummlächelnd an und entgegnete: »Zum hier Arbeiten oder Mitnehmen?«

Al Capone: »Hä? Nee, wir kaufen und machen neu.«

Ich: »Neu machen geht, muss echt mal renoviert werden, aber dafür müsst ihr nicht gleich den ganzen Laden kaufen.«

Ich erinnere mich noch an eine Reihe türkischer Schimpfwörter aus meiner Schulzeit, die die beiden riefen und das Restorang verließen.

***

Gast: »Ich nehme ein Glas Spätburgunder.«

Ich: »Gerne. 0,1 oder 0,2?«

Gast: »0,1 reicht. Ich muss noch fahren.«

Als ich später das leere Glas aushebe, sagt der Gast: »Ich nehme nochmal 0,1.«

Ich: »Aber Sie müssen doch noch fahren.«

Und darauf der Gast: »Ja, aber zweimal 0,1 ist nicht so schlimm wie einmal 0,2.«

Ob die Polizei das auch so sieht?

***

»Wir sind exzellente Weinkenner«

Schon in der Reservierung machten die Gäste klar, dass sie ABSOLUTE Weinspezialisten seien, also freute ich mich auf fachkundige Gäste.

Ich würde enttäuscht!

Gäste, die wirklich Ahnung haben, sehen in die Weinkarte, stellen zwei, drei intelligente Fragen und bestellen etwas Gutes. Diese Gäste aber musste ich fast eine halbe Stunde beraten. Die Quintessenz war folgender Dialog:

Gast: »Wir sind ausgewiesene Shiraz-Liebhaber. Also schwanke ich jetzt zwischen dem Shiraz und dem Syrah. Könnte ich beide mal probieren?«

Ich bejahte, ging nach hinten, nahm zwei Gläser und eine Flasche Bordeaux und befüllte die Gläser jeweils mit einem Probierschluck.

Ich: »Also, das linke Glas ist der Shiraz und das rechte der Syrah.«

Der Gast verkostete zischend und schmatzend beide Gläser und sagte dann kopfschüttelnd: »Nee, also der Shiraz hat einen ganz schlechten Jahrgang und ist im Gegensatz zum Syrah vom Abgang her viel zu herb.«

Ich: »Sie haben wirklich eine sehr gute Sachkenntnis, Respekt!«

Gast: »Ja, man kann mich nicht so leicht begeistern und täuschen erst recht nicht, das haben schon ganz andere versucht.«

Ich musste ins Kühlhaus, ich konnte nicht mehr!

***

Love is in the air – Vandalinstag

Kommt ein Mann zu mir und sagt: »Also eigentlich ist es hier ja ganz schön, aber viel zu viele Gäste. Wenn sie die Hälfte der Tische herausgebracht hätten, wäre die Atmosphäre besser.«

Und ich bin ehrlich. Wirklich ehrlich und antwortete wie damals Oliver Kahn nach einem Bayern-Spiel: »Kohle. Wir brauchen Kohle.«

Gast: »Naja, Sie verdienen doch genug.«

Ich: »Ich sach ja: Kohle! Mal ehrlich. Natürlich kann ich Sie verstehen, aber für uns ist der Valentinstag das, wofür er erfunden wurde: Eine Gelddruckmaschine. Wir machen das nicht aus lauter Liebe, sondern für die Kohle. In Hamburg herrscht dann immer Ausnahmezustand.«

Der Gast lachte und verstand dann auch.

***

Ein wiederkehrender Klassiker

Gast: »Was machen Sie eigentlich beruflich?«

Ich: »Ich studiere Sozialpädagogik mit Schwerpunkt auf behindertengerechtes Arbeiten und absolviere hier den praktischen Teil.«

Gast: »Oh, das ist sicher nicht leicht mit solchen Menschen.«

Ich: »Würden Sie das können?«

Gast: »Nein, ich denke nicht.«

Die Kollegen haben sich im Hintergrund ins Kühlhaus verzogen.

***

Da kommt ein Typ rein, so Marke Eminem aus dem Hobbit Land, neben ihm 'ne Tussi, die so aussah, als wäre sie auf dem Sprung zur Arbeit. Er also auf coole Socke mit Sonnenbrille (es ist fast 22:00 MEZ und stockduster draußen) und will einen Tisch. Ich hatte keine Lust auf solche Vize-Bonzen und sage ihm, wir sind ausgebucht. Da nimmt er die Sonnenbrille ab und sagt: »Kennen Sie die Hells Angels?«

Ich: »Nicht persönlich.«

Und er: »Sie sollten uns einen Tisch geben, sonst lernen Sie sie kennen.«

Und ich: »Kennen Sie Ralf Martin Meyer?«

Er: » ... Nee ... Wer soll das sein?«

Ich: »Unser Polizeipräsident. Also schieb deinen Marzipanarsch aus dem Laden, sonst lernst du den mal kennen.«

Little Capone schlich von dannen und wir hatten was zu lachen.

***

Schantall und Käwin

Ein Pärchen aß bei uns zu Abend. Die haben den ganzen Laden unterhalten. Es ging schon damit los, dass die Frau Garnelen essen wollte. Und er: »Da steht aber Garnelenschwänze.«

Sie: »Ja, die sind legal lecker, du Olf!«

Er: »Bist du dumm, oder was? Ich esse keine Schwänze!«

Sie: »Was los bei dir, wieso?!«

Er: »Bin ich schwul, oder was? Bei mir kommt kein Schwanz in Mund.«

Sie: »Bist du behindert? Das sind doch keine Garnelenpimmel.«

Er: »Aber da steht Garnelenschwänze und die esse ich nicht. Du nimmst ja gerne Schwänze in den Mund, aber ich nicht.«

Sie: »Du bist voll Assi, ey! Mit dir gehe ich nie wieder spachteln ... Penner.«

Er: »Du kannst die doch fressen, ich baller mir hier dieses T-Bohnen-Steak rein.«

Sie: »Mach doch, mir doch egal.«

Er: »Alter, heulst du jetzt, oder was?«

Sie: »Neehe, ich finde es nur kacke, dass du die Schwänze nicht essen willst.«

Er: »Mir hat man nicht ins Gehirn geschissen!«

So ging das den ganzen Abend weiter und auch das ist Gastronomie!

Es gibt aber auch immer wieder ärgerliche Begegnungen …

Schweröl zum T-Bone-Steak

Nachdem ich einem Gast sein T-Bone-Steak servierte und dieser sich seine Rinderjus auf den Teller kippte, rief er mich zu sich und tippte mit der Gabel auf der Soße rum. Dann schimpfte er: »Was ist das denn?«

Ich: »Das ist Rinderjus.«

Gast: »Jus?«

Ich: »Eine schwere, reduzierte Soße.«

Gast: »Das ist doch keine Soße, das Zeug ist wie Schweröl!«

Ich: »So muss Jus sein.«

Gast: »Ach Blödsinn. Ich habe dat probiert. Dieses Zeug verklebt einem den Mund und ist viel zu stark! Sie scheinen ein Konzentrat zu verwenden, dem Sie zu wenig Wasser beigemischt haben.«

Ich: »Wir machen unsere Soßen selber.«

Gast: »Hören Sie auf, mich zu verarschen. Mein bester Freund ist ein angesehener Rechtsanwalt, also seien Sie lieber vorsichtig.«

Ich: »Das ist doch super, dann kann er Ihnen ja mal erzählen, wie hoch die Strafen für üble Nachrede ausfallen. Wenn Sie behaupten, wir würden Fertigsoßen als selbstgemacht deklarieren, ist das Warenunterschiebung und somit ein schwerer Vorwurf! Sie dürfen jetzt gehen!«

Ich nahm ihm den Teller weg und Ahmed war so lieb, dem Typen die Tür aufzuhalten. Man muss sich wirklich nicht alles gefallen lassen!

***

Nachdem ein Gast in die Karte schaute und ich die Bestellung aufnehmen wollte, schüttelte er den Kopf und sagte: »Da ist nichts bei, was ich mag. Anscheinend kann Ihr Koch auch nicht besonders viel.«

Ich verdutzt: »Wie kommen Sie darauf?«

Gast: »Ja, sehen Sie doch mal, wie klein die Karte ist. Anscheinend kann der Koch nur sehr wenig. Ich habe als Gast kaum Auswahl. Das kenne ich von anderen Restaurants besser. Sie sollten für jeden etwas haben. Sie haben ja nicht mal vegane Gerichte, falls mal ein Veganer was Veganes bestellen möchte.«

Ich: »Falls ein Veganer was Veganes bestellen möchte ... ok ... also, wir kochen alles frisch. Was hätten Sie sich denn vorgestellt?«

Gast: »Ja, was Italienisches oder auch Griechisches. Das, was jeder gerne isst.«

Ich: »Wir sind ein ausgewiesenes und möglichst regionales Restorang, das haben Sie schon mitbekommen, oder?«

Gast: »Ja, na und?«

Ich: »Können Sie bei Mercedes einen BMW kaufen?«

Gast: »Nein.«

Ich: »Wieso sollte ein Hamburgisches Restorang dann Pizza verkaufen?«

Ruhe.

***

Gäste-Ping-Pong

Das Wetter in Hamburg ist oft ... friesisch herb. Das heißt, die Gäste bleiben dann lange sitzen. So weit, so gut. Irgendwann ist die Hütte aber voll und einmal hatten wir zudem drei Reservierungen. Einmal für sechs, einmal für acht und eine Zwölfer-Tafel. Da kamen zwei Gäste rein. Kein »Moin«. Gingen auf der Suche nach einem freien Tisch durch den ganzen Laden und setzten sich wo hin? Genau, an einen der reservierten Tische. Ich hin und sagte: »Sorry, aber der Tisch ist reserviert.«

Gast: »Egal, dann nehmen wir den da drüben.«

Ich: »Der ist auch reserviert und der da hinten auch. Wenn Sie kurz an der Bar warten ...«

Gast fiel mir ins Wort: »Wann ist der reserviert?«

Ich: »Jetzt.«

Gast: »Da sitzt aber niemand.«

Ich: »Nee, aber gleich.«

Gast: »Solange können wir doch da sitzen.«

Ich: »Nee, die können jederzeit kommen.«

Gast: »Ja, wann?«

Ich: »Jederzeit.«

Gast: »Und die anderen Tische?«

Ich: »Können auch jederzeit kommen. Um 19:00 Uhr gehen eben alle essen.«

Gast ernsthaft: »Es ist 19:05. Also hatten die ihre Chance.«

Ich: »Na, so kniggerich sind wir nicht.«

Gast: »Ich gebe ein sehr gutes Trinkgeld, wenn wir jetzt einen Tisch bekommen.«

Ich: »Sorry, aber wir verkaufen keine Tische, wir reservieren sie nur.«

Gast: »Kennen Sie den Bürgermeister?«

Ich: »Von Hamburg?«

Gast: »Ja!«

Ich: »Nicht persönlich.«

Gast: »Ich schon. Den würden Sie doch sicher auch mal als Gast haben wollen, oder?«

Ich: »Ja, aber nur, wenn er einen Tisch reserviert.«

Kennt ihr auch einen Promi, damit der als Druckmittel herhalten muss?

***

Wirklich haarsträubend

Ein Gästin: »Hallo? Voll ekelig, hier ist ein Haar im Essen! Das bezahle ich nicht!«

Wenn ein Gast noch im ersten Satz sagt: »Das bezahle ich nicht!«, läuten bei mir die Alarmglocken.

Ich: »Das ist ein langes, blondes Haar. Sieht nach Ihrem aus.«

Gästin: »Nein, kann nicht sein. Ich kämme meine Haare sehr viel, da fällt keines aus. Das muss von einem Ihrer Köche sein oder vom Service. Das bezahle ich nicht!«

Ich: »Wir haben bei uns weder im Sörwis noch in der Küche jemanden mit langen, blonden Haaren.«

Gästin: »Ja, keine Ahnung, dann vom Lieferanten oder so.«

Ich: »Haben Sie schon mal einen Lieferanten mit langen, blonden Haaren gesehen.«

Gästin: »Kein Plan, aber das ist nicht von mir.«

Ich: »Vielleicht ist es ja durch die Luft geflogen und aus Versehen auf Ihrem Teller gelandet.«

Gästin: »Kein Plan.«

Ich brachte ihr die Rechnung und gab ihr Hausverbot.

***

Kein Mensch mag Klugscheißer

Ich mache mir immer einen kleinen Spaß daraus, Touristen, welche ein Radler bestellen, zu sagen, dass wir kein Radler haben, sondern Alsterwasser.

Vorweggenommen: Es gibt regionale oder lokale Interpretationen des Getränks, aber für Hamburg gilt: ein Drittel Zitronenlimonade und zwei Drittel Pils. Und so servierte ich es neulich auch einem Gast. Der sah mich an und sagte: »Das ist kein Alsterwasser. Alsterwasser ist immer mit Orangenlimonade!«

Ich: »Hier in Hamburg trinkt das keiner.«

Gast: »Was für Limonade verwenden Sie?«

Ich: »Sprite.«

Gast: »Auch verkehrt. Das ist keine richtige Zitronenlimonade.«

Ich: » ... Aha ...«

Gast: »Und was für Bier nehmen Sie?«

Ich: »Holsten.«

Gast: »Also das ist alles, nur kein Alster.«

Ich: »Sie wissen schon, dass Sie in Hamburg sind?«

Gast: »Bei uns im Rheinland macht man das richtig.«

Ich wiederholte: »Sie wissen, dass Sie in Hamburg sind?«

Gast: »Ich kenne mich recht gut aus und weiß, was Alster bzw. Radler ist. Das, was Sie ausschenken, ist definitiv etwas anderes.«

Das Ende vom Lied: Er bestellte ein Hefeweizen, weil wir ja kein Original Radler/Alster haben.

Da sieht man mal wieder die Unfähigkeit vieler Menschen das zu akzeptieren, was ein Restorang bietet, und sich vor allem den regionalen oder lokalen Interpretationen zu beugen, statt sein Überweltwissen in missionarischer Weise jenen aufdrücken zu wollen, die es weder wollen noch brauchen.

Bestellte letztens ein Gast einen Kaffee und fragte mich, was es denn für eine Bohne sei. Darauf entgegnete ich: »Arabica.« Eben ganz normaler Kaffee. Als ich den Kaffee servierte und der Gast ihn probierte, sagte er: »Das ist kein Arabica. Ich kenne mich da sehr gut aus. Das ist DEFFINITIV kein Arabica.«

Ich: »Und was soll das sonst sein?«

Gast: »Robusta.«

Ich: »Nein, es ist 100% Arabica.«

Gast: »Niemals.«

Ich ging zur Kaffeemaschine, holte die Kaffeetüte und stellte sie dem Gast auf den Tisch.

Ich: »Da steht es!«

Gast: »Oh, da haben Sie sich aber über den Tisch ziehen lassen. Da hat man Ihnen Robusta als Arabica verkauft. Damit sollten Sie dringend zur Polizei.«

Ich: »Ja, genau ... und ich verklage gleich den Hersteller, den Bauern, den Lieferanten. Am besten gleich alle!«

Gast: »Ich kenne mich da aus.«

Ich: »Das glaube ich gerne!«

***

Ich glaube ja nicht an Karma, aber zuweilen ...?!

Da kam eine vier-Mann-Gruppe an Geschäftsleuten ins Restorang. Der Leitwolf zeigte auf eine reservierte 10-Personen-Tafel und sagte: »Den Tisch würden wir nehmen.«

Darauf ich: »Der ist reserviert.«

Der Leitwolf: »Dann setzen Sie doch die woanders hin.«

Ich: »Nein, es haben andere Gäste diese Tafel reserviert.«

Leitwolf: »Andere Menschen interessieren mich nicht. Mir ist wichtig, dass wir das Beste bekommen.«

Ich deutete auf einen Tisch und sagte: »Der oder keinen. Sie können ruhig Rücksicht nehmen.«

Leitwolf: »Ich muss gar nichts!«

Sie fügten sich und dann passierte es: Der Leitwolf stieß sein Weißweinglas um. Ich entfernte die Scherben und fragte, ob er ein neues Glas Wein zu bestellen beabsichtigte, was er bejahte.

Als der Leitwolf am Ende die Rechnung bezahlen wollte, sah er auf die Rechnung, stutzte und sagte: »Sie haben einen Fehler gemacht. Ich hatte nur ein Glas Wein, aber es sind zwei berechnet.«

Ich: »Ja, Sie hatten das Erste ja verschüttet.«

Leitwolf: »Und das berechnen Sie?«

Ich: »Ja.«

Leitwolf: »Also, das habe ich noch nie erlebt. Das ist doch Kulanz.«

Ich: »Wieso sollte ich finanziell für Ihr Missgeschick geradestehen?«

Leitwolf: »Aus Rücksicht?«

Ich: „»hnen sind doch andere Menschen auch egal. Jetzt sehen Sie mal, wie das ist, auf Ignoranz zu stoßen. Wer das Miteinander nicht pflegt, kann nichts anderes erwarten.«

***

Und dann passierte es

Als ein Kollege an einem Tisch das Essen servieren wollte, stolperte er über die neben dem Tisch auf dem Boden abgestellte Handtasche der Gästin. Das Essen verteilte sich homogen über den gesamten Tisch und der Kollege konnte sich noch gerade so am leeren Nebentisch halten, um nicht zu stürzen. Mit einem »MEINE HANDTASCHE!« kommentierte die Gästin den Unfall. Ohne einen einzigen Blick auf den Kollegen zu werfen, nahm sie ihre Handtasche und kontrollierte sie auf Schäden.

Ich ging zum Kollegen, der mir signalisierte, dass ihm nichts passiert war, während die Gästin »Oh nein, mein Lippenstift!« rief. Ich sah sie an und fragte, ob ich einen Notarztwagen und die Spurensicherung verständigen solle, woraufhin sie fauchend antwortete: »Die Tasche hat 3000 Euro gekostet und der Lippenstift 60 Euro.«

Ich: »War wohl im Sonderangebot, oder? Was lassen Sie auch Ihren Turnbeutel auf dem Boden stehen? Seien Sie froh, dass meinem Kollegen nichts passiert ist.«

Gästin: »Das ist ja ungeheuerlich! Hat Ihr Kollege keine Augen im Kopf?«

Ich: »Doch, und daran ist sogar ein Gehirn angeschlossen.«

Gästin: »Wie bitte? Ich werde Sie auf Schadensersatz verklagen.«

Ich: »Wegen Ihres Schminkcontainers? Lassen Sie den einfach nicht im Weg stehen, dann passiert auch nichts.«

Gästin: »Und mein Lippenstift?«

Ich: »Der hatte eh eine hässliche Farbe.«

Gästin: »Sie hören von meinem Anwalt.«

Ich: »Grüßen Sie ganz lieb!«

Liebe Gäste, bitte denkt doch daran, die Laufwege der Kellner nicht zuzustellen, denn dann passiert irgendwann und irgendwo unweigerlich das, was bei uns passiert ist.

***

Die Dummheit der Menschen kennt keine Grenzen. Auch keine Ländergrenzen.

Einmal kamen 15 Italiener zu uns. Ich freute mich, denn Italiener sind zwar sehr laut, machen aber viel Stimmung. Als ich mich zur Aufnahme der Bestellung an den Tisch stellte, ging es los. Sie wollten bestellen ... aber auf Italienisch. Ich kann kein Italienisch. So versuchte ich es auf Englisch, das jedoch beherrschte niemand, ebenso wenig wie Deutsch.

Die Anspannung stieg, als den Gästen klar zu werden schien, dass eine höhere Lautstärke und langsameres Sprechen nicht geeignet schienen, mir zu vermitteln, was sie wollten. So stand ich da und es war eine jener oft erlebten Situationen, in welchen man eben nur das tun kann: Da stehen und dumm lächeln.

Unterdessen versuchte jeder auf seine Art sich im wahrsten Sinne des Wortes mit Händen verständlich zu machen. 15 Italiener schossen ihr schnelles Italienisch auf mich ab und ich fühlte mich wie das Opfer einer linguistischen Bikkake Party.

Irgendwann rief ich in meiner aufsteigenden Unsicherheit: »GOOGLE TRANSLATOR?«

Sie verneinten ... Ich glaube aber, sie verstanden es auch nicht. Es vergingen die Minuten, bis sie resignierend das Restorang verließen.

Ich frage mich immer wieder eines: Wenn ich in ein Land, dessen Sprache/n ich zu sprechen nicht im Stande bin, und ich ebenso wenig erwarten KÖNNTE, dass ich mit Englisch weiterkäme, wieso bereite ich mich nicht mit Übersetzungs-Apps darauf vor? Mir fällt immer wieder auf, wie schlecht sich Touristen oft vorbereiten und in Situationen geraten, die peinlich werden, nur weil man zur Kommunikation nicht im Stande ist.

Sollte ich mal nach Italien fahren, rede ich Plattdüütsch!

***

So müssen Gäste

Es war nicht nur bumsvoll, es war unterirdisch. Wir hatten keine Tische mehr frei, eine Schlange vor der Tür und entsprechend längere Wartezeiten. Während sich die meisten Gäste in ihr wartendes Schicksal fügten, begann der eine Gäste- oder Quotenkevin zu meckern: »Gucken Sie mal, wo unser Eis bleibt. Wir warten eine Ewigkeit darauf. Unsere Getränke haben schon so ewig lange gebraucht, was ist das für ein Saftladen?«

Bevor ich zu einer Antwort ansetzen konnte, sagt eine Gästin am Nebentisch: »Haben Sie keine Augen im Kopf? Das Restaurant ist voll und die Kellner stehen nicht rum und trinken Kaffee. Dazu die Hitze und Sie werden nicht sterben, wenn Sie 5 Minuten warten müssen. An der Eisdiele müssten Sie auch anstehen.«

Kevin fuhr die Frau an: »Was geht Sie das denn an?!«

Die Frau: »Sie nerven hier mit ihrem Gejammere rum, das geht mich was an.«

Der Kevin zu mir: »Ich will sofort den Geschäftsführer sprechen.«

Ich hin zu Ahmed, der ohnehin nicht so geil drauf war, und ihm die Rolle angeboten. Er geht zum Gast, pöbelt dieser sofort los. Als eine Kollegin mit dem Eis für den Gast kommt, nimmt Ahmed es, schiebt sich einen Löffel in den Mund und sagt: »Bei dem Wetter muss man sich mal ein Eis gönnen!«

Während die umsitzenden Gäste lachten und applaudierten, verließ Kevin wortlos das Freigehege.

Das Kühlhaus war da nicht mehr nötig!

***

Es gibt Menschen, da fragt man sich: Warum?

Neulich eine Gästin beim Frühstück. Sie nimmt sich die stählerne Kaffeekanne und will sich Kaffee einschenken. Nichts passiert, es kommt kein Kaffee raus. Sie schüttelt die Kanne und stellt fest: Es ist Kaffee drinne. Dann versucht sie es erneut, doch wieder kommt kein Kaffee. Sie neigt die Kanne weiter, doch noch immer weigert sich der Kaffee hinauszulaufen. Dann kommt sie auf die geniale Idee, die Kanne zu rütteln, und siehe da? Mit einem *plooop* springt der Deckel auf und der Kaffee schießt über den Tisch. Durch ihr wildes Gerüttel sprühte der Kaffee auch noch auf den Nebentisch, ein Gemetzel!

Verwirrt sah sie mich an und sagte: »Der Deckel ist kaputt«, worauf ich entgegnete: »UNTERDRUCK!«

***

Einmal sah ein Gast in die Karte, stand auf und kam dann zu mir mit der Aussage: »Ich habe leider nichts Passendes gefunden.«

Ich: »Was haben Sie sich denn vorgestellt?«

Gast: »Naja ... das Übliche halt. Ne Pizza oder Nudeln oder einfach einen Burger, aber das haben Sie ja nicht, was ich nicht so recht verstehen kann, weil Sie mit dem Trend gehen sollten.«

Ich: »Haben Sie in einer Dönerbude schon mal Reis mit Hühnchen nach Senchuan Art bekommen oder Käsespätzle?«

Gast: »Nee, wieso sollte man in einer Dönerbude Chinesisch oder Schwäbisch bekommen?«

Ich: »Merken Sie selber, oder?«

***

Das Kontrollkotelett

Zwei Gäste aßen ein Kalbskotelett. Obwohl ich zwischendrin mal fragte, ob alles gut sei, gab es keine Beanstandungen.

Dann beim Ausheben die Gästin: »Also, mein Kotelett war dermaßen zäh, dass ich es kaum essen konnte.«

Ich blickte auf den einsam auf dem Teller liegenden Knochen und entgegnete: »Warum haben Sie das nicht eben gesagt?«

Gästin: »Weil das nichts bringt. Man wird ja nicht ernst genommen.«

Ich: »Wenn Sie ein aufgegessenes Kotelett reklamieren wollen, stimmt das sogar.«

Gästin: »Naja ... egal.«

Ich in die Küche und unserem Koch Mike Bescheid gesagt, der aber meinte, dass die Koteletts in Ordnung seien. Stimmte auch, weil wir als Personal auch welche aßen.

Als ich den bestellten »Expressio« (so bestellt!) servierte, sagte die Gästin: »Sie sollten das Fleisch vorher testen und ein Kontrollkotelett braten.«

Ich: »Haben wir, war lecker.«

Gästin: »Sehr merkwürdig. Aber gut. Die Rechnung bitte.«

Als ich die Rechnung servierte, sagte die Gästin: »Sie hätten aus Kulanz wenigstens den Expressio von der Rechnung nehmen können.«

Ich: »Sie könnten aus Kulanz auch 2 Euro mehr zahlen, weil Sie ein zu reklamierendes Kotelett aufgegessen haben.«

Gästin: »Also wir kommen definitiv nicht wieder.«

Wir trennten uns ohne Freundschaft.

2 Wochen später

Die Gästin suchte uns trotz der Beteuerung, es nicht zu tun, wieder heim.

Gästin: »Wir wollen Ihnen noch eine Chance geben und das Kalbskotelett nochmal bestellen.«

Ich: »Das haben wir nicht mehr, das war ein Special.«

Gästin: »Aber auf Ihrer Homepage steht das so.«

Ich: »Da steht ›täglich wechselnde Specials‹ und nicht Kalbskotelett.«

Gästin: »Dann sind wir ja ganz umsonst hergefahren.«

Da fiel mir ein, dass ich mit einem Kollegen eines anderen Betriebes noch eine Rechnung offen hatte, und schickte die Restegäste einfach zu ihm.

Gestern rief er mich dann an und schwor erbitterte Rache!!

***

»Pietätlos und makabre Unverschämtheit«

Nachdem eine Gästin eine gefühlte Ewigkeit in die Getränkekarte geguckt hatte, rief sie mich empört zu sich und sagte: »Sie bieten Tote Tante an?«

Ich: »Ja.«

Gästin: »Das ist pietätlos und eine makabre Unverschämtheit. Ich habe vor drei Jahren meine Tante verloren und Sie machen sich auch noch über tote Verwandte lustig.«

Ich: »Das Getränk heißt nun mal so.«

Gästin: »Dann nennen Sie es anders.«

Ich: »Mit dem Namen eines Gerichtes oder Getränkes weiß der Gast genau, was und wieviel von etwas drinnen ist, weil es einer genauen Rezeptur unterliegt.«

Gästin: »Und damit lieber die Gefühle anderer Menschen verletzen?«

Ich: »Mich verletzt die Dummheit anderer Menschen viel mehr und dennoch darf man die nicht als Arschgeigen bezeichnen, obwohl die Bezeichnung trefflicher wäre.«

Gästin: »Was wollen Sie damit sagen?«

Ich: »Dass Sie keine Arschgeige sind.«

Gästin: »Ich hoffe, Sie müssen nie um einen Verwandten trauern.«

Ich: »Das wird nie passieren, wir sind die Avengers!«

***

Wenn auch das Platzieren nicht hinhaut

Gestern platziere ich ein Paar. Als ich mit den Karten an den Tisch zurückkehre, sind die Gäste weg. In einer anderen Station, die für eine Veranstaltung mit langen Tafeln umgebaut wurde, saßen sie dann. Zu zweit an einer 15-Personen-Tafel. Festlich für vier Gänge eingedeckt. Um den Platz optimal auszunutzen, schoben sie alles im Umkreis von einer Armlänge zur Seite. Mit offensichtlich genervtem Unterton sagte ich: »Merken Sie selber, oder?«

Gästin: »Da zog es uns zu sehr und hier ist es viel ruhiger.«

Ich muss gestehen, dass ich nach einem sehr hartem Wochenende absolut keine Lust auf dämliche Menschen hatte und antwortete: »Ich platziere Sie nicht zum Spaß und dass Sie sich an eine Tafel setzen, welche offensichtlich für eine Veranstaltung ist, ist doch wirklich nicht so schwer zu erkennen.«

Gästin: »Aber da steht ja nirgends ein ›Reserviert‹-Schild.«

Ich: »Wir benutzen keine ›Reserviert‹-Schilder. Dafür platzieren wir.«

Gästin: »Also, umsetzen wollen wir uns jetzt eigentlich nicht nochmal. Wann brauchen Sie denn die Tafel?«

Ich: »Tun Sie mir bitte den Gefallen und gehen einfach? Sie dürfen aber gerne wiederkommen, wenn Sie das Prinzip des Restorangbesuches und dem entsprechenden Verhalten verstanden haben.«

***

Passiert selten, aber es passiert
Oder : Der ABSOLUTE Klassiker

Ein Gast saß vor der Speisekarte. Er saß nur wenige Minuten und wollte nach der Begrüßung noch nichts bestellen, hob dann aber die Hand und schnipste. Ich stand ein paar

Meter hinter ihm und guckte. Nach einigen Sekunden sah er nach links und rechts, konnte mich aber nicht sehen, und schnipste erneut. »Ok«, dachte ich mir. »Mögen die Hungerspiele beginnen.«

Es war an dem Tag der erste und bis dahin einzige Gast und wir versteckten uns im Eingang zur Bar, von wo aus wir den Gast sahen. Er schnipste weiter. Als er bemerkte, dass dies keine Aufmerksamkeit zu erregen schien, pfiff er. Also die Steigerung vom Schnipsen. Auch dies erzielte keinerlei Effekt, daher pfiff und schnipste er, und als auch das nichts brachte, rief er laut: »Hallo, Bedienung!?« Und siehe da: Es brachte endlich auch nichts. Als der Gast es aufgab, sich erhob und sich anschickte zu gehen, traten wir aus der Tür und wünschten ihm einen schönen Tag.

Sein Blick sah aus, als wäre er eben geblitzt worden.

***

»Diese scheiß Straßenmagazinverkäufer«

Zlatan verkauft ein Straßenmagazin. Wir haben mit ihm den Deal, dass er am Terrasseneingang stehen und sein Magazin anbieten, aber nicht von Tisch zu Tisch laufen darf. Er sieht ein, dass sich die Gäste dadurch belästigt fühlen könnten, und er hat es auch nicht nötig, denn mittlerweile hat auch er eine feste Stammleserschaft.

So steht er da, Tag für Tag, begrüßt und verabschiedet die Gäste. Dennoch bekamen wir folgende Rezension:

»Wir kamen immer gerne ins ***. Das Essen ist gut, der Service freundlich. Im Sommer ist die Terrasse überfüllt, aber dennoch gemütlich. Doch seit einiger Zeit lungert ein Obdachloser* vor dem Eingang rum. Diese scheiß Straßenmagazinverkäufer sind ja mittlerweile überall, nirgends hat man mehr seine Ruhe. Da die Geschäftsleitung dieses Hausieren offenbar toleriert, werden wir in Zukunft von Besuchen absehen und woanders hingehen.«

Ja, geht woanders hin. Ich fühle mich auf oft gestört, wenn man angebettelt und nicht in Ruhe gelassen wird, ich verstehe das. Wirklich. Was ich nicht verstehe ist, wieso man sich von einem Verkäufer gestört fühlt, der dezent und zurückhaltend am Eingang steht, gepflegt aussieht und keinen Fuß auf das Freigehege setzt?

*Zlatan ist nicht obdachlos, aber das ist eine Schublade, in die alle Magazinverkäufer gesteckt werden!

***

Rach, der Restorangtester

Setzte sich ein Gast an einen Tisch. Ich begrüßte ihn freundlich und wichste dabei einen Nachbartisch. Als ich neues Besteck eindeckte, sagte der Gast: »Kann ich bestellen?«

Ich: »Geht sofort los.«

Nachdem ich fertig eingedeckt hatte und mich an den Tisch des Gastes stellte, sagte er: »Also, ich habe auch mal gekellnert und da habe ich gelernt, dass man immer Gäste zuerst bedient, bevor man was anderes macht.«

Da war er also: Der Gast von der Gattung Besserwissicus. Der Kampf konnte beginnen!

Ich: »Einen Tisch abzuwischen und neu einzudecken dauert zwei Minuten, in welchen der Gast erst mal ankommt und sich akklimatisiert. Wir sind ja kein Schnellimbiss.«

Ich brachte ihm die Karte und schenkte ihm sein bestelltes Wasser ein. Von links, weil der Tisch an der Wand steht und ich von rechts nicht rankam.

Gast: »Eigentlich schenkt man ja von rechts ein.«

Ich: »Ja, aber ich kann die Wand nicht mal eben beiseiteschieben. Und beim Versuch von rechts einzuschenken, müssten Sie nach links ausweichen oder wir müssten büsschen kuscheln.«

Gast: »Ich meine ja bloß, weil es eben ein Standard ist.«

Dann brachte ich das Brot und der Gast: »Sie servieren Brot VOR der Bestellung?«

Ich: »Ja, in der Tischnummer habe ich mich nicht geirrt.«

Gast: »Also, es hat sich wirklich viel verändert in der Gastro.«

Ich: »Und das ist auch gut so! Ich lege keinen großen Wert mehr auf Standards, die antiquiert und vom Gast von heute weder gewollt noch verstanden werden. Das perfekte Gasterlebnis ist 100%iger, individueller Sörwis!«

Hat er sogar verstanden.

***

Da kommt ein Gast und bestellt ein 400 Gramm T-Bone Steak well done. Ich boniere es und mache meine Arbeit.

10 Minuten später:

Der Gast fragt: »Wie lange dauert das denn noch? Ich habe nicht viel Zeit!«

Ich: »Wann müssen Sie denn gehen?«

Gast: »In 15 Minuten.«

Ich: »Und das sagen Sie mir, nachdem Sie 400 Gramm Fleisch well done bestellten?«

Gast: »Ja, die anderen Gäste bekommen ja auch schnell ihr Essen, das sehe ich ja.«

Ich: »Die haben aber auch entsprechend gewartet.«

Gast: »Ja, ich kann ja nicht wissen, dass es so lange dauert.«

Ich: »400 Gramm ... well done ... 10 Minuten?«

Gast: »Können Sie in der Küche mal nachfragen, ob das schneller geht?«

Ich: »Soll der Koch das Steak anschreien, damit es vor Schreck schockdurchgart?«

Gast: »Ach, wissen Sie was? Wenn Sie das nicht hinbekommen, bestelle ich was anderes.«

Ich: »Das einzige, was Sie noch bestellen, ist die Rechnung.«

***

Ich dachte, ich gucke nicht richtig!

Komme ich auf die Terrorasse, sitzt da ein Typ vor einem Haufen McDonald's Tüten und schiebt sich Pommes und Chicken McNuggets in die Luke. Als ich am Tisch stehe, sagt er: »Ein kleines Alsterwasser.«

Ich: »Brauchst du noch Mayo oder Ketchup und ein paar handgefaltete Servietten?«

Typ: »Nee, danke. Die packen immer viele Servietten mit ein.«

Ich: »Essen mit in ein Restorang zu bringen ist so, als würdest du deine Affäre mit nach Hause nehmen und die Olle sieht das. Beides gibt Ärger. Also sei so gut, pack deine Tüten zusammen und gehe woanders hin.«

Typ: »Dann trinke ich hier eben kein Alsterwasser. Dabei weiß ich, dass ihr nur mit Getränken Geld verdient.«

Ich: »Wenn jetzt jeder sein Essen mit ins Restorang bringt, stimmt das sogar.«

Ich muss mal kalkulieren, ob das stornierte Alsterwasser den Bankrott bedeutet … Ich melde mich.

***

Der blutende Thunfisch

Gast: »Ich hätte gerne das Thunfischsteak aber nicht blutig.«

Ich: »Blutig ist Thunfisch nicht. Wollen Sie es also eher medium well?«

Gast: »Es ist doch rot innen, oder?«

Ich: »Wenn Sie es rare oder medium rare bestellen, ja. Bei medium nur noch leicht in der Mitte.«

Gast: »Das meine ich ja nicht. Wenn das Fleisch rot ist, dann ist da Blut drinnen und Fischblut mag ich nicht.«

Ich: »Ok … wie möchten Sie es denn gegrillt haben.«

Gast: »Gut durch.«

20 Minuten später

Gast: »Hallo? Herr Ober?! Herr Ober, das ist ja furztrocken. Ich wollte es zwar gut durch, aber nicht so trocken. Das zerfällt ja von selbst.«

Ich: »Gut durch und saftig ist wie Angela Merkel in hübsch oder FC Bayern München in sympathisch: Das gibt es nicht.«

Gast: »Wenn ich Thunfisch aus der Dose kaufe, ist der auch saftig.«

Ich: »Der schwimmt in Öl und lag nicht auf dem Grill. Thunfisch ist kein Fettfisch und dessen Fleisch von Natur aus trocken.«

Gast: »Naja … ich habe 14 Jahre in Japan gelebt …«

Da schaltete ich auf Durchzug!

***

Der flotte Otto

Gestern schaffte ein Gast sein Thunfischsteak nicht und bat mich, es ihm für zuhause einzupacken, was ich gerne tat. Als ich ihm sein Essen auf den Tisch stellte, legte ich ihm eine Verzichtserklärung vor. Verwundert sah er mich an und fragte: »Watt is datt denn?«

Ich: »Eine Verzichtserklärung. Sie übernehmen die Verantwortung für das Essen und können uns nicht haftbar machen, sollte es bei Wiederverzehr keine optimale Qualität mehr haben.«

Darauf der Gast: »Watt för'n Tüddelkram, sowat hab ich ja noch nie gehabt.«

Ich: »Ich habe mal in einem Laden gearbeitet, da nahm ein Gast auch Fisch mit nach Hause, aß diesen aber erst einige Tage später und bekam dann einen flotten Otto, weil der Fisch nicht mehr gut war. Er verklagte uns darauf, weil er meinte, der Fisch wäre schon vorher verdorben gewesen. Er verlor den Prozess, weil wir das Gegenteil beweisen konnten.«

Und der Gast: »Das ja wie in Amerika. Wat für Menschen dat gibt ...«

Ich: »Gastronomie.«

Gast: »Ok, dat is'n Argument.«

***

Willkommen in der Gastronomie!

Neulich bestellten zwei Gäste jeweils ein 300 Gramm Rinderfilet medium. Als ich diese servierte, guckte einer der Gäste abwechselnd auf beide Teller und sagte: »Wir haben beide 300 Gramm bestellt.«

Ich: »Sie haben auch beide 300 Gramm vor sich.«

Gast: »Aber meines ist viel kleiner!«

Ich: »Nein, Ihres ist höher, das andere etwas breiter, aber das Gewicht ist das gleiche.«

Gast: »Das glaube ich nicht. Das sieht man doch, dass die nicht gleich sind.«

Mit einem »Moment« ging ich in die Küche, holte Vorlegebesteck, einen Teller und eine Küchenwaage und ging damit zum Tisch, an welchem ich den Teller tarierte und beide Filets für die Gäste abwog mit dem Resultat, dass beide dasselbe Gewicht hatten (+/- ein paar Gramm). Doch für den Gast reichte es noch nicht: »Die wiegen zwar FAST das gleiche, aber sehen nicht gleich aus und das finde ich nicht sehr professionell!«

Ich: »Sind eineiige Zwillinge KOMPLETT identisch? Sind alle Eier gleich symmetrisch? Nein!«

Gast: »Aber was ist denn bitte so schwer daran, das höhere Filet etwas platter zu machen, damit beide gleich aussehen?«

Wortlos verließ ich den Tisch.

***

Und täglich grüßt das Murmeltier

Gast: »Ich habe ja gehört, dass Sie keine Reservierungen annehmen, aber vielleicht machen Sie ja für uns eine Ausnahme?«

Ich: »Nein.«

Gast: »Wieso nicht?«

Ich: »Wenn wir für jeden eine Ausnahme machen würden, könnten wir ja auch gleich für jeden eine Reservierung annehmen.«

Gast: »Wir sind ja nicht jeder.«

Ich: »Die anderen auch nicht.«

Gast: »Wieso nehmen Sie keine Reservierungen entgegen? Andere machen das auch!"

Ich: »Gäste reservieren, kommen entweder zu spät oder kommen ohne vorheriges Anrufen gar nicht und wenn sie kommen, sind sie doch viel weniger als angegeben oder plötzlich doch mehr. Jeder nicht verkaufte Tisch kostet uns ungefähr 200 Euro, die uns niemand ersetzt. Deswegen besetzen wir jeden Tisch so, wie er kommt, und wenn ich für Sie eine Ausnahme mache, bekommen das andere Gäste mit und wollen auch eine Ausnahme. Also müssen wir konsequent bleiben und das durchziehen.«

Gast: »Dann kommen wir eben einfach so vorbei.«

Gäste erziehen kann man nur dann, wenn man Ihnen wie kleinen Kindern GANZ genau erklärt, wie die Welt funktioniert, damit sie es verstehen.

***

Gast: »Seitdem die Ölpreise so gestiegen sind, ist es auch im Restorang deutlich teurer!«

Ich: »Woran machen Sie das fest?«

Gast: »Naja, Sie benutzen doch viel Öl in der Küche und je teurer der Rohölpreis, desto höher die Rechnung für den Endverbraucher.«

Ich: »Ja, das stimmt. Aber seit dem Dieselverbot musste auch das Salatöl anders raffiniert werden.«

Gast: »Ach, deswegen.«

Manchmal frage ich mich, ob ich in einer betreuten Wohnanlage arbeite ...

Unverschämte Gäste

Respektiert die Öffnungszeiten!

Einmal rief mittags ein Gast an und sagte: »Wir würden gerne um 21:30 bei Ihnen essen. Küche ist bis um 22:00, oder?«

Ich bejahte und nahm die Reservierung auf.

Um 22:15 kamen die Gäste dann freudestrahlend mit dem Satz in den Laden: »Wir sind etwas zu spät, aber das ist doch kein Problem, oder?«

Ich: »Ähm, doch, die Küche ist dicht.«

Gast: »Was? Aber wir haben doch reserviert.«

Ich: »Ja, aber um halb zehn, jetzt ist es Viertel nach 10.«

Gast: »Naja, die Köche sind doch noch da und was Kleines werden Sie doch noch haben.«

Ich: »Nein, die machen jetzt die Küche sauber und gehen nach Hause. Die haben jetzt gleich Feierabend.«

Gast: »Ihr Ernst, dass Sie wegen einer Viertelstunde so kleinlich sind?«

Ich: »Ja! Auch Köche haben ein Recht auf Feierabend und Restorangs sind keine Rund-um-die-Uhr-Lokale.«

Gast: »Ich bin selber Unternehmer und mit der Einstellung sind Sie bald pleite.«

Ich: »Wegen dieser Einstellung haben wir keinen Personal- und Fachkräftemangel!«

Hat er nicht verstanden ... so wie viele!!!!

***

Wenn du eine geschlossene Gesellschaft hast, aber …

Wir hatten dicht. Für einen Abend, weil zwei Gäste unbedingt heiraten mussten (ich würde meine Susanne auch gerne heiraten, aber sagt ihr das nicht. Ich mache oft Mist und bin ein unberechenbarer Künstler, aber ich liebe sie und will mein Leben mit ihr verbringen. Sie ist eine so krasse Bereicherung für mein Leben und das Beste, was mir je passieren konnte … zurück zur Story). Ich hatte extra ein Schild an die Tür gehängt, auf dem stand: »Geschlossene Psychiatrie.«

Dann kam ein Gast rein und meinte: »Haben Sie noch Platz für zwei Personen?«

Ich: »Nein, wir haben dicht.«

Gast: »Aber hier ist noch alles frei.«

Ich: »Geschlossene Gesellschaft.«

Gast: »Ach, das merkt doch niemand.«

Ich: »Ähm … doch.«

Gast: »Haben Sie keinen Tisch frei?«

Ich: »Geschlossene Gesellschaft.«

Gast: »Wenn Sie geschlossen hätten, stünde ja die Tür nicht auf.«

Ich: »Haben Sie das Schild nicht gelesen?«

Gast: »Welches?«

Ich: »An der Tür.«

Gast: »Ach das, ja. Aber das hätte ja auch für gestern oder morgen sein können.«

Ich: »Nee.«

Gast: »'Ne schnelle Suppe?«

Ich: »Nee.«

Gast: »Also wenn Sie unser Geld nicht wollen, gehen wir woanders hin.«

Ich: »Da kommt gleich eine Hochzeitstruppe, die 8000,- Euro ausgeben, und Sie wollen mich mit einer 7,50 Euro Suppe erpressen?«

***

Letztens eine Gästin am Telefon: »Ich würde gerne einen Tisch bei Ihnen reservieren. Ich habe auf Ihrer Homepage gelesen, dass Sie nur ab sechs Personen Reservierungen annehmen, aber wollte trotzdem fragen, ob das wirklich stimmt.«

Ich: »Ja, das ist nicht gelogen oder Fake, das stimmt wirklich.«

Gästin: »Wir haben einen sehr besonderen Anlass. Würden Sie eine Ausnahme machen?«

Ich: »Nein, das geht nicht.«

Gästin: »Aber Sie könnten doch mal eine besondere Ausnahme machen.«

Ich: »Wissen Sie, wie oft ich das jeden Tag gefragt werde? Wenn ich jedes Mal eine Ausnahme machen würde, könnte ich auch generell Reservierungen annehmen.«

Gästin: »Also, das verstehe ich nicht.«

Ich erklärte es ihr!

Gästin: »Andere Restorangs machen das auch!«

Ich: »Dann versuchen Sie es doch gerne bei den anderen.«

Gästin: »Naja ... gut ... Ob das rechtlich erlaubt ist, weiß ich nicht. Aber Taxen müssen jeden mitnehmen.«

Ich überlegte kurz, was sie Kryptisches meinen könnte, und antwortete: »Es gibt ein Beförderungsgesetz, aber kein Bewirtungsgesetz.«

Gästin: »Ich kenne einen Mitarbeiter in einem Bundesministerium, da erkundige ich mich mal.«

Ich: »Ok, bis dann. Tschööö!«

Ich legte auf und ging ins Kühlhaus!

***

Und dann wurde es knacke voll

Wir waren am Limit. Alle Tische belegt, vor dem Desk eine Schlange um Einlass begehrender Gäste und bei uns ging gar nichts mehr. Ich machte meine Station neben der von Bibi, als ein Gast anfing, sie anzupöbeln: »Ich beobachte Sie ganz genau. Bei Ihrem Kollegen geht es viel schneller! Vielleicht sollte ich mich bei einem männlichen Kellner an den Tisch setzen? Ihr Weiber wollt gleich viel Geld verdienen, aber bringt nicht dieselbe Leistung wie wir Männer. Das sind wieder diese ganzen Emanzen, die alles fordern, aber nichts leisten!«

Bibi stand vor ihm und sah ihn gelangweilt an. Dann stellte ich mich neben sie und fragte: »Chefin, soll ich die Lauchzwiebel rauswerfen?«

Dem Typen wich die Gesichtsfarbe, als er fragte: »Sie sind die Chefin?«

Bibi entgegnete nur: »Arschloch!« Und ging. So wie der Gast ... der wurde auch gegangen.

***

Neulich war es bumsvoll. Also wirklich so mit Schlange stehen. Da kommt 'n Typ ans Desk und meint: »Ich finde es blöd, zu warten. Wir wollen einen Tisch!«

Ich: »Ja, wenn das so ist? Haben Sie reserviert?«

Typ: »Nee.«

Ich: »Dann stellen Sie sich wieder hinten an und warten wie die anderen.«

Typ: »Ich haue ordentlich was auf's Trinkgeld, wenn das schneller geht.«

Da sagt einer der wartenden Gäste, Marke Chuck Norris vor der Verwandlung zum Hulk: »Haue kannst du kriegen, wenn du nicht aufhörst zu nerven. Stell dich an und sei still!«

Das hat gewirkt. Nur schade, dass Hulk bei uns nicht arbeiten will. Solche könnten wir gebrauchen!

***

Aber bitteschön der Reihe nach

Einmal bestellte eine Gästin Rinderfilet well done*. Wenig später bestellte eine andere Gästin am Nebentisch einen Salat**. Als ich der Gästin irgendwann den Salat servierte, sagte die andere: »Wieso bekommt die ihre Bestellung zuerst, obwohl die*** viel später bestellt hat?«

Ich: »Weil es keinen Salat well done gibt.«

Gästin: »Ja, und? Was hat das damit zu tun?«

Ich: »Kalte Speisen werden von einem anderen Koch zubereitet, auch auf Grund der Tatsache, dass sie nicht gegart werden müssen. Es macht ja keinen Sinn, einen Gast 20 Minuten auf seinen Salat warten zu lassen, nur weil Sie Filet Schuhsohle bestellen.«

Gästin mit Totschlagargument: »Es geht aber ums Prinzip!«

Ich: »Ach so … ok.«

Als ein Kollege mit dem Rinderfilet ankam und es servieren wollte, stoppte ich ihn und fragte: »Sag mal, haben die Gäste da drüben schon ihr 1,5 kg Porterhouse Steak bekommen?«

Kollege grinste: »Nö, der Lappen muss noch 15 Minuten.«

Ich zur Gästin: »Ja, sorry, die haben vor Ihnen bestellt, da müssen Sie noch warten.«

Boh, die Trutsche ist echt eskaliert, aber Ordnung muss sein und schließlich geht es ja ums Prinzip!

***

Sagte ein Gast am Telefon: »Wir würden gerne heute Abend einen Tisch reservieren.«

Ich: »Gerne. Für wie viele Personen?«

Gast: »Für drei.«

Ich: »Das tut mir leid, Reservierungen nehmen wir erst ab sechs Personen entgegen.«

Gast: »Dann machen Sie sicher eine Ausnahme für uns?! Wir sind sehr, sehr wichtige Gäste.«

Ich: »Ähm … Computer sagt nein.«

Gast: »Das sollten Sie sich wirklich zweimal überlegen.«

Ich: »Ach, das ist halt eine Art Solidarprinzip. Ausnahmen für keinen, gleiches Recht für alle.«

Gast: »Also, Sie wissen nicht, wer ich bin, oder?«

Ich: »Nein, an der Stimme kann ich es nicht erkennen.«

Der Gast sagte mir seinen Namen. Nachdem er das getan hatte und weiter von seiner Wichtigkeit monologisierte, googelte ich seinen Namen und fand? Nichts!

Ich: »Also, ich erklärte Ihnen vor fünf Minuten, dass wir erst ab sechs Personen reservieren und auch keine Ausnahme machen. Außer für Helmut Schmidt, der dürfte sogar bei uns rauchen. Aber sonst nicht.«

Gast: »Sie machen einen sehr großen Fehler und werden das sicherlich auch bereuen.«

Daraufhin legte er auf. Ich habe es nicht bereut.

***

Wenn man von »Behinderten« benachteiligt wird

Letztens kamen zwei recht nervöse Menschen ins Restorang, um einen Tisch zu reservieren. Obwohl ich ihnen mehrfach sagte, dass wir keine Tische für zwei Personen reservieren würden, baten sie mich, ihren Wunschtisch freizuhalten. Weil ich viel zu tun und gute Laune hatte, willigte ich ein, es zu versuchen.

Wenig später kam dann eine Familie mit einem Mann im Rollstuhl. Weil wir leider nicht optimal behindertengerecht sind, bekamen sie den Tisch, den ich den nervösen Leuten freizuhalten versuchte.

Dann kamen sie, sahen die Gäste an »ihrem« Tisch sitzen und fingen an zu pöbeln: »Das ist unser Tisch, den haben wir reserviert.«

Ich: »Also, reserviert ist der nicht. Ich versuchte, ihn für Sie freizuhalten, aber für Rollstuhlfahrer ist das der optimalste Platz.«

Gast: »Ach ja? Jetzt werden wir wegen Rollstuhlfahrern benachteiligt? Nur weil der behindert ist, wird der bevorzugt?«

Da dreht sich der Rollstuhlfahrer um und sagt: »Vielleicht brauchen Sie Intelligenzgelähmter mal einen freien

Fall aus fünf Metern Höhe auf Beton, so wie ich, um mehr über Rücksichtnahme zu lernen?«

Bähm! Krasse Aussage, aber recht hat er!!!!

***

Neulich kamen zwei Gäste rein und man merkte ihnen sofort an, dass sie keine Lust auf Entspannung hatten. Sie wollten schon bestellen, bevor sie überhaupt saßen, und waren nervös und angespannt. Zudem war der Laden bumsvoll und so mussten sie warten. Aber darauf hatten die so gar keine Lust. Einer der Gäste: »Wir haben es eilig, also ziehen Sie unsere Bestellungen vor, damit wir unseren Flug bekommen.«

Ich: »Das geht nicht. Sie sehen ja, was hier los ist!«

Gast: »Dann kann die Küche doch erst unsere Bestellung bearbeiten.«

Ich: »Passen Sie auf. Wir, also die Küche und der Sörwis, haben dermaßen viel zu tun, dass wir nur noch dann sauber, fehlerfrei und fair arbeiten können, wenn Sie wie alle anderen Gäste auch warten. Wenn Sie allerdings nicht viel Zeit haben, hätte es Ihnen bereits beim Betreten auffallen können, dass es dauern kann. Ich kann jetzt nicht in die Küche gehen und an der rotzevollen Klemmleiste Ihren Bon einfach vorschieben, ohne dass die Küche dann in den Tüddel kommt. Wenn es schnell gehen muss, empfehle ich Ihnen einen Imbiss oder ein Schnellrestorang.«

Das haben die sogar verstanden. Also, liebe Gäste, Restorangs sind keine Schnellimbisse, die bei voller Auslastung mal eben so etwas auf den Tisch zaubern können. Es bedarf Zeit und Sorgfalt, den Preis für ein angemessenes Essen zu rechtfertigen. Habt doch bitte etwas mehr Verständnis dafür.

***

Endlich. Endlich ist es mal passiert

Zwei Tische in unmittelbarer Nähe zueinander. Pärchen 1 beschwert sich über den Tisch, der weder an den Toiletten, noch nahe der Küche, noch zugig war. Dann war ihnen der Lachs nicht heiß genug (medium rare bestellt) und am Ende enthielt der Cappuccino zu viel Milch und zu wenig Kaffee (wir haben einen Vollautomaten, den wir regelmäßig auf ein ordnungsgemäßes Mischungsverhältnis kontrollieren) und überhaupt war alles unter ihren Erwartungen und es hätte auch alles viel zu lange gedauert.

Pärchen 2 ist super lieb. Normale, verständige, emotional liebenswerte Gäste. Eben solche Gäste, die sich jeder wünscht und feiert.

Als Pärchen 2 das Dessert bekommen sollte, sage ich: »Sie sind so lieb. Ich lade Sie auf einen Kaffee ein.«

Die beiden stutzen erst, aber nehmen die Einladung dankend an.

Pärchen 1 forderte die Rechnung, da sagt der Mann: »Also die da bekommen etwas und wir trotz berechtigter Beschwerden nicht? Das ist unglaublich.«

Ich: »Wenn Sie falsch parken, überweist Ihnen die Stadt Hamburg 15 Euro?«

Gast: »Nein.«

Ich: »Wieso sollte ich dann Ihr Fehlverhalten noch belohnen?«

Man sollte viel öfter mal gutes und herzliches Verhalten belohnen, als jenes von unverschämten Gästen, welche man eh nicht haben will.

***

Die Trinkgeldnutte

Als ich ein Paar an ihrem Tisch platziere, legt ein Mann einen 10-Euro-Schein auf den Tisch und sagt: »Das Trinkgeld bekommen Sie schon vorweg, aber dafür erwarten wir absoluten Top-Sörwis! Am liebsten wäre es uns, wenn sich nur ein Kellner den ganzen Abend um uns kümmert.«

Ich: »Computer sagt nein!«

Gast stutzt.

Ich: »Wie definieren Sie Top-Sörwis? Einen für Ihre Begriffe erhaltenen Top-Sörwis können Sie doch eh erst am Ende beurteilen und außerdem bekommen alle den gleichen Sörwis.«

Gast: »Das soll für Sie auch ein Ansporn sein.«

Ich: »Echt jetzt? Also Ansporn brauchen wir nicht, weil wir Hardcore-Gastronomen und leidenschaftliche Dienstleistungsendgegner sind. Trinkgeld ist auch ein Dank für guten Sörwis und kein Aufpreis für eine Sonderbehandlung!«

Pikiert stecke der Gast den Schein wieder ein und bekam von uns einen für unseren Stil guten Sörwis.

***

Warum man ausnahmsweise auch mal auf einen Kellner hören sollte

Ein Kind stieß ein großes Glas Bier um. Der Inhalt ergoss sich auf die Bank, auf den Platz, an welchem zum Glück keiner saß. Als die Familie endlich ging, machte ich den Tisch sauber und stellte ein »Reserviert«-Schild auf den Tisch, damit sich niemand auf die von der Reinigung noch feuchten Polster setzt.

Aber gut, zwei Geschäftsleute kamen rein und suchten einen Platz. Ich konnte noch geradeso »Nicht da!« rufen, doch es war zu spät. Obwohl sie einen anderen Platz hätten aussuchen können, entschied einer der Herren, den reservierten Tisch zu nehmen. Als er sich setzte, hörte ich Bibi langsam zählen: »1 ... 2 ... 3 ... 4.« Sie zählte die Sekunden, bis es dem Herrn auffiel. Bei Sekunde 5 sprang er auf und wischte sich wild am Hintern rum. Ich ging hin. Sofort fragte der Mann, was da los ist, und ich antwortete: »Der Platz musste gereinigt werden, deswegen steht da ein ›Reserviert‹-Schild drauf.«

Pempasboy: »Das hätten Sie uns doch sagen können, so eine Sauerei!«

Ich: »Habe ich doch und das Schild haben Sie auch ignoriert. Pech gehabt!«

Pempasboy: »Die Reinigung zahlen Sie!«

Ich: »Vielleicht sollte ich zur Sicherheit Windeln auslegen.«

Der andere Mann lachte auf und sagte zu seinem Kollegen: »Sorry, Malte, aber da hat er recht. Du wolltest da unbedingt sitzen.«

Und Malte sauer: »Ihr könnt mich mal.«

Damit ging Pempasboy von dannen.

***

Einfach durchziehen

Zwei Tische stehen nebeneinander. Der eine sauber und der andere dreckig. Zwei Gäste kommen. Ich empfange und begrüße sie und bringe sie zum sauberen Tisch. Da sagt der Mann auf den schmutzigen zeigend: »Wir wollen den da.«

Ich: »Der ist dreckig.«

Gast: »Dat macht nichts.«

Beide Tische stehen in unmittelbarer Nähe zueinander und beide im gleißenden Sonnenlicht.

Ich: »Was stimmt mit dem sauberen Tisch nicht?«

Gast: »Da zieht es.«

Ich: »Gut, dann bekommen Sie den dreckigen.«

Gäste setzen sich und als ich die Karten reiche, fragt der Gast, ob ich den Tisch sauber machen kann.

Ich: »Nahaaain!«

Gast: »Aber das klebt ja alles und hier liegen überall Krümel rum.«

Ich: »Ja, da saß auch eben Mama Waldorf mit ihren Zwergenterroristen dran und hat dat Massaker hier angerichtet, aber Sie wollten den Tisch ja unbedingt haben und das Fetzbrot stört Sie ja nicht.«

Gast: »Nee, also abwischen können Sie den doch.«

Ich: »Computer sagt nahaaaiiin!«

Gast: »Sagen Sie mal, geht's noch?«

Ich: »Ja, seit 38 Jahren. Wenn Sie an einem dreckigen Tisch sitzen wollen, ziehen Sie das wenigstens komplett durch.«

Gast: »Also, das haben wir noch nie erlebt.«

Ich: »Ja, merkt man.«

Also, sie haben den Tisch dann doch geräumt … das Restorang dann auch!

***

Lieber Herr K.,

wenn Sie sich ein Auto kaufen und noch ein paar Extras wollen, die in dem Ausstattungspaket nicht inkludiert sind, machen Sie was? Genau! Sie bezahlen mehr. Wer etwas zu dem, was er kauft, dazu haben will, wird es teurer. Völlig normal, oder?

Ja ... ABER nur solange, bis man im Restorang sitzt. Da scheint es für Gäste wie Sie normal zu sein, sich Beilagen und Soßen dazu zu bestellen, OHNE dafür zu bezahlen?! Jedenfalls haben Sie sich massiv darüber beschwert, dass wir Beilagen mit 2,- Euro und Soßen mit 1,- Euro berechnen.

Wie die anderen Gäste an Ihrem Tisch bestätigten, sind unsere Tellergerichte für einen erwachsenen Menschen durchaus sättigend und die Preise für DownTown durchaus fair. Nichtsdestotrotz kann man natürlich weitere Beilagen und Soßen bestellen. Aber zu glauben, dass das Bestellen eines Gerichtes eine Flatrate ist, um unbegrenzt und kostenlos nachzuordern, ist ziemlich naiv.

Ich gebe Ihnen mal ein simples Beispiel:

Wenn jeden Tag mindestens ein Gast eine Beilage extra bestellt, sind wir bei 730,- Euro im Jahr. Da dies aber manchmal und insbesondere bei Gruppen öfter passiert, gehen wir schnell in den vierstelligen Bereich. Das ist Geld, das wir lieber in die Mitarbeiter investieren, als es Gästen zu schenken, die zwar bereit sind, für eine Scholle 25,- Euro auszugeben, denen aber dann 2,- Euro für Bratkartoffeln extra zu teuer sind. So wie bei Ihnen!

Denn auch wenn es für Sie und viele andere Gäste lächerlich kleinkariert und ungastfreundschaftlich erscheint, ist das permanente »umsonst-Rausgegebe« einer der Gründe, wieso Betriebe pleitegehen! Denn wie alle wirtschaftlich arbeitenden Betriebe haben wir nichts zu verschenken. Und wenn Sie, Herr K., sich darüber beschweren, nichts geschenkt zu bekommen, frage ich mich nicht, was bei uns nicht stimmt, sondern wie es passieren konnte, dass Sie trotz Studium und gutem Job (so erzählten Sie es zumindest am Tisch) zu so einer Logik kommen konnten!

***

Wenn du nicht aufpasst …

Es war nichts los und alle Kollegen in der Pause. Nur ein Tisch mit vier Personen war belegt. Ich musste ins Kühlhaus, um etwas mit 'nem Koch zu klären, und war wirklich nur wenige Minuten nicht im Gastraum. Als ich wiederkam, waren nicht nur die Gäste weg, sondern auch der Tisch und die Stühle. Eine Lücke klaffte. Verwundert drehte ich mich in Richtung Terrorasse und da saßen sie! Die hatten einfach den Tisch und die Stühle nach draußen getragen und saßen mutterseelenallein im Freigehege.

Ich ging raus und fragte, was das soll, woraufhin einer der Gäste meinte: »Wir haben die Biergartensaison eröffnet.«

Nach kurzer Diskussion haben sie sich wieder reingesetzt.

Soweit kommt das noch!

***

Ich brech zusammen, ey …

Neulich ein Gast: »Haben Sie nur Frühstück? Wir wollen Schnitzel essen.«

Ich: »Wir haben im Moment nur Frühstück, korrekt.«

Gast: »Aber wir wollen ja nur zwei Schnitzelchen, das kann ja nicht so schwer sein.«

Ich: »Wir machen die Schnitzel frisch, das dauert.«

Gast: »In die Fritte hauen geht schnell.«

Ich: »Das Kalbfleisch muss pariert werden, dann tranchiert und plattiert, Pellkartoffeln kochen und für Bratkartoffeln in Scheiben schneiden, Garnitur vorbereiten, Panade vorbereiten. Dazu muss die Küche von Frühstück auf à la Carte umgebaut und einmal richtig sauber gemacht werden. Deswegen wird Frühstück und Mittag getrennt, weil die Köche nicht auf zwei Hochzeiten tanzen können und wir das auch ehrlich gesagt nicht wollen.«

Gast: »Bekommen wir jetzt Schnitzel oder nicht?«

Ich: »Ja, bekommen Sie.«

Gast: »Echt?«

Ich: »Ja, in 3 Stunden!«

***

Ein Gast bestellte ein großes Glas frisch gepressten Orangensaft. Als ich diesen servierte und der Gast sofort probierte, sagte er, als hätte er gerade einen Wein verkostet: »Der ist nicht frisch gepresst.«

Ich: »Und wie frisch der gepresst ist!«

Gast: »Nein, das ist Fruchtsaftkonzentrat mit Fruchtfleisch. Das schmeckt man sofort.«

Ich entschuldigte mich, ging ins Back Office, holte das GN mit den ausgepressten Schalen, ging zum Tisch und stellte es auf des Gastes Tisch, welcher mich verdutzt ansah: »Was'n das?«

Ich: »Der kompostierbare Rest Ihres Orangensaftes.«

Gast: »Ausgepresste Orangenschalen sind noch längst kein Beweis.«

Ich: »Ich kann zaubern.«

Gast: »Hä?«

Ich: »Ja, ich kann zaubern. Ich kann machen, dass das Glas O-Saft verschwindet und ich danach.«

Ich nahm das Glas O-Saft, die GN-Schale und ging mit einem lauten »Simsalabim« zurück ins Office.

Als ich wenig später zurück ins Restorang kam, war auch der Gast weggezaubert.

It's magic!

***

Wie man in den Wald hineinruft …

Da stand ich dummguckend im Freigehege und überwachte die Patienten, als in der Querstraße ein Müllwagen hielt. Die Müllmänner begannen damit, die Stadt sauber zu halten, als hinter dem Müllwagen ein Mercedes-Benz CLS mit einem hektischen Hupen signalisierte: »Gib Gas, Alter!« Sogleich rief der Fahrer: »Könnt ihr nicht schneller arbeiten? Es gibt auch Leute mit wenig Zeit.«

Die Müllmänner ließen sich nicht davon beeindrucken und machten in gesunder Geschwindigkeit weiter.

Als die Fahrt weiter ging, parkte die Kleinpenisschleuder ein. Der Fahrer Marke Man in Black stieg aus und setzte sich zu uns in Bewegung. Als er auf der Terrorasse ankam und sagte, er habe reserviert, guckte ich ihn süffisant an und sagte: »Wenn Sie schon so mit Müllmännern reden, deren Arbeit Ihnen nicht schnell genug zu gehen scheint, ist die Wahrscheinlichkeit groß, dass Sie auch so mit Kellnern reden und das will ich lieber nicht riskieren.«

Ich drehte mich um und ging!

***

Was ein Spaß

Während ich einen Tisch eindeckte, sah ich, wie ein Kleinwagen aus seiner Parklücke davonfuhr. Dahinter wartete bereits ein großer, weißer SUV. Der Fahrer versucht, sich in die Parklücke zu quetschen. Trotzt mehrfacher und minutenlanger Versuche bekommt er seinen SUV nicht auf die parklückentaugliche Größe eines Kleinwagens geschrumpft. Ich feierte. Als dem Fahrer wohl klar zu werden schien: »Mein Auto ist kein Transformer«, stellte er sich einfach auf den Behindertenparkplatz und machte sich zu meiner Freude in Richtung unseres Eingangs auf.

Als er eintrat, sagte ich zu ihm: »Moin. Also wenn Sie Ihr Raumschiff Enterprise auf dem Behindertenparkplatz stehen lassen, kommen die Klingonen und schleppen Sie ab.«

Daraufhin pampte mich der Ekel-Kirk an: »Was kann ich dafür, dass die Parkplätze immer kleiner werden? Seit einer halben Stunde suche ich einen Parkplatz. Ich bleibe da jetzt stehen.«

Deswegen fahre ich einen Kleinwagen:

1. Wiegt nicht viel,

2. Verbraucht nicht viel,

3. Die Stromlinienform meines Autos entspricht nicht der eines LKW,

4. Ich komme in so ziemlich fast jede Parklücke,

5. Ich fahre überwiegend alleine und brauche kein Ein-Familien-Haus auf Rädern!

***

Der Gutschein

Kommt ein Gast in den Laden und hält mir einen Gutschein unter die Nase, um diesen einzulösen. Ein Gutschein für ein Dessert. Ich blicke den Gast an und sage: »Der ist seit fünf Jahren abgelaufen.«

Gast: »Jaaa, wir waren lange im Ausland und dann wurde meine Schwägerin krank, weswegen wir zurück nach Deutschland mussten, obwohl wir es gar nicht wollten und dann [...]«

10 Minuten lang erfahre ich alle, für mich absolut irrelevanten Gründe, weswegen sie den Gutschein nicht einlösen konnten. Als der Gast mal Luft holen muss, sage ich: »Der Gutschein ist nicht mehr einlösbar.«

Gast: »Quatsch, Gutscheine kann man immer einlösen, die können nicht verfallen.«

Ich: »Das ist nicht ganz richtig. Wie alles in Deutschland verjährt auch die Einlösbarkeit von Gutscheinen.«

Gast: »Ach, Jurist sind Sie auch? Sie wollen den Gutschein nicht einlösen?«

Ich: »Nein, und ich gucke immer Alexander Holt.«

Gast: »Dann will ich den Wert ausbezahlt haben.«

Ich: »Auch das geht nicht.«

Gast: »Und wieso nicht?«

Ich: »Sie haben den Gutschein damals als Wiedergutmachung erhalten, also dafür kein Geld bezahlt. Also ist hinter diesem Gutschein kein Geld hinterlegt, welches Sie zurückfordern könnten.«

Gast: »Und was jetzt?«

Ich: »Einrahmen und in die Tonne kloppen.«

Gast: »Sie hören von meinem Anwalt.«

Ich glaube, das geht bis an den Europäischen Gerichtshof bei der Brisanz!

***

Neulich eine Gästin: »Das Salz ist ja total dreckig.«

Ich: » … Hä?«

Gästin: »Na, im Salzstreuer.«

Ich: »Was ist denn da dreckig?«

Gästin: »Weiß nicht, da sind irgendwelche Dinger drinnen.«

Ich: »Das ist Reis.«

Gästin: »Reis? Ist Ihnen da Reis ins Salz gefallen oder was? Das kann man ja wohl raussieben.«

Ich: »Ach so. Nee, der Reis entzieht dem Salz die Flüssigkeit, damit es nicht verklumpt.«

Gästin: »Dann trocknen Sie doch das Salz vorher.«

Ich: »Das Salz zieht das Wasser aus der Umgebungsluft.«

Gästin: »Also, wir benutzen zuhause einen Raumentfeuchter. Sollten Sie auch mal drüber nachdenken.«

Ich habe die Hoffnung an die Menschheit noch nicht aufgegeben.

***

Während draußen noch die Welt in leichtem Schlummer den Anbruch des neuen Tages erwartet, stehe ich schon im Restorang und mache MEP … Naja, ich trinke erstmal einen Kaffee und laufe semimotiviert zwischen den Tischen herum, als es an der Tür rattert. »Klar«, denke ich mir, »der erste Schizo, der die Öffnungszeiten zwar lesen, aber nicht verstehen kann.« Nach etwa einer halben Minute rüttelt es wieder an der Tür. »Klar«, denke ich mir.

»Man zieht erst und dann drückt man. Vielleicht geht die Tür ja dann doch auf.«

Kurze Zeit später klopft es an der Scheibe. Geduckt flüchte ich hinter den Tresen und verschanze mich, bis das gästliche Unheil aufgibt. Tut es aber nicht. Der Gehirnhälftenzombie bollert wie blöde an der Scheibe. »Ok«, denke ich mir. »Vielleicht ist was passiert und er braucht Hilfe.« Wild entschlossen trinke ich meinen Kaffee leer, spüle die Tasse aus, poliere sie, stelte sie wieder zurück und hetze in Kiffereile zur Tür.

Ich: »Moin. Notarzt anrufen?«

Gast: »Nee, da brannte Licht, ich dachte, ich könnte ...«

Ich schließe sofort die Tür und gehe erstmal in die Küche. Kaffee trinken.

Meine Reaktion auf »Ich dachte ...«, »Könnten wir ...«, »Haben Sie ...«!

***

Es ist ein gastronomisches Grundgesetz, aber in diesem Falle sehr dekadent.

Der ERSTE Gast des Tages ist da und bestellt einen Cappuccino. Als ich ihm wie gewünscht die Rechnung bringe, hält er mir einen 500 Euro Schein hin.

Ich: »Der Schein ist wie ein Topmodel: Sieht gut aus ist aber unerreichbar.«

Gast: »Ich habe es nicht kleiner.«

Ich: »Das ist doof, dann können Sie mit Karte zahlen.«

Gast: »Ich muss den Schein aber gewechselt haben.«

Ich: »Wenn ich Bankangestellter wäre, würde ich wesentlich mehr verdienen. Ich habe aber leider nicht genug Wechselgeld da.«

Gast: »Naja ... dann können Sie ja mit dem Laden nicht sehr erfolgreich sein.«

Ich: »Meine Kollegen haben alle einen dicken Tresor mit tausenden Euro Wechselgeld, falls mal einer einen Cappuccino mit einem 500er bezahlen will. Das klingt für mich sehr logisch.«

Er zahlte wortlos mit Karte. Ihr denkt jetzt sicher, dass meine Schnodderigkeit unverschämt ist, aber der Gast machte schon beim Betreten klar, dass er nicht gemocht werden will. Das spürt man sofort und reagiert entsprechend!

***

Stellt ein Gast seinen dreckigen Teller auf den sauberen Nachbartisch. Als ich ihn darauf hinweise, dass der Tisch sauber ist, sagt er lachend: »Hahaha, jetzt nicht mehr.«

Glücklicherweise wusste ich, dass er auf dem Behindertenparkplatz stand. Also rief ich das Ordnungsamt an, die den Wagen prompt abschleppen. Nachdem der Gast gezahlt hatte und gegangen war, kam er aufgeregt wieder rein und rief: »Mein Auto! Eben stand das noch da!«

Darauf ich: »Hahaha, jetzt nicht mehr!«

Lege dich niemals mit einem Kellner an!!!

***

Das Probeessen

Zwei ältere Herren kamen in den Laden. Einer der Herren begrüßte mich mit dem Text: »Moin. Wir wollen hier heute zur Probe essen. Wir sind ein Skatclub und suchen ein Lokal, in dem wir uns einmal im Monat zum Spielen verabreden. Sind so ungefähr 20 Herren.«

Ich reichte ihnen die Karte, sie bestellten und aßen. Nachdem wir über Möglichkeiten gesprochen hatten, einen regelmäßigen Termin zu finden, bedankten sich die Herren, standen auf und wollten gehen. Als ich sie darauf hinwies, dass sie noch nicht gezahlt hatten, entgegnete einer der Herren: »Wieso? Das war doch ein Probeessen und da muss man doch nicht zahlen. Immerhin machen Sie mit uns viel Umsatz und gehen nicht pleite!«

Nach einigem hin und her zahlten sie und suchten eine neue Location, bis ans Ende ihrer Tage.

Fazit: Maximal 20 Herren, die eine Vorspeise als Hauptgang bestellen und höchstens zwei kleine Bier am Abend verzehren (meine Erfahrungswerte vergleichbarer Veranstaltungen der letzten Jahre) und dazu einen Raum mit einer Kapazität von 50 Personen fix bis ins Jahr 2022 reserviert haben wollen? Dann gehe ich lieber pleite!

Die besonderen Zeiten im Jahr

Die dümmste Jahresendzeit-Aktion

Rief an Silvester ein Gast an und stornierte seine Reservierung für 9 (!) Personen. Man wolle lieber in ein anderes Restorang, in welchem man parallel reservierte.

Ich annullierte also die Reservierung und verkaufte die Tische weiter. Ey, es ist Silvester, wir haben weniger Tische, als wir vergeben könnten!

25 Minuten später rief der »Gast« erneut an und sagte: »Ich hatte vorhin bei Ihnen einen Tisch abbestellt, aber wir nehmen den jetzt doch, weil meine Frau das andere Restorang nicht so toll findet.«

Ich: »Ja, herzlichen Glückwunsch, aber wir haben Ihren Tisch weiterverkauft.«

Stille in der Leitung, dann: »Wie ... so schnell?!«

Ich: »Silvester!«

Gast: »Wir entscheiden uns für Sie und Sie verkaufen unseren Tisch?«

Ich: »Ja, Sie haben storniert, also verkaufen wir weiter.«

Gast: »Was mache ich denn jetzt?!«

Ich: »Reservierungen ernst nehmen?«

Ich legte auf.

***

Am 2. Weihnachtsfeiertag hatten sechs Gäste zwei Gänse vorbestellt. Das hatten wir zwar nicht pro aktiv angeboten, aber die Gäste baten uns drum und so war alles vorbereitet. Als dann drei Gäste vor mir standen, sagte einer: »Wir hatten reserviert, sind aber nur noch drei Personen und brauchen auch nur noch eine Gans.«

Ich: »Ok, Sie haben zwei vorbestellt und wir haben jetzt zwei vorbereitet.«

Gast: »Ja, aber zwei für drei sind etwas viel.«

Ich: »Wollen Sie dann eine mitnehmen?«

Gast: »Ja, gerne ... Muss ich die dann trotzdem bezahlen?«

Ich: »Ja.«

Die Frau: »Nee, Klaus. Was sollen wir mit einer ganzen Gans?«

Mann: »Hm ... also, können Sie die nicht anderweitig verkaufen?«

Ich: »Nein. Aber das Personal würde sich sehr über die Gans freuen.«

Gast: »Dann geben Sie sie dem Personal, aber nur wenn ich die dann nicht bezahlen muss.«

Ich: »Bezahlen müssen Sie sie eh!«

Die Frau: »Na, wieso sollten wir die Gans Ihrem Personal geben? Dann nehmen wir die lieber selber mit.«

Mann: »Eben wolltest du sie nicht haben.«

Frau: »Ja, aber bevor sie das Personal bekommt.«

Mann: »Ok, aber können Sie da am Preis was machen?«

Ich: »Wissen Sie, wenn Sie mir rechtzeitig Bescheid gesagt hätten, hätte ich die zweite Gans noch abbestellen können.«

Gast: »Ja, ja ... Wir haben nicht daran gedacht und sonst ist das ja auch nie ein Problem.«

Ich: »Das ist generell ein Problem.«

Frau: »Dann reklamieren wir die eben.«

Ich: »Geht nicht! Mit der Bestellung und der Zubereitung haben Sie einen gültigen Kaufvertrag abgeschlossen und da ich die Gans nun nicht mehr anderweitig verkaufen kann, müssen Sie sie bezahlen ... Oder wissen Sie was? Sie müssen beide Gänse nicht bezahlen.«

Beide sahen überrascht und glücklich aus, bis ich ergänzte: »Die bekommen beide das Personal. Schönen Abend noch.«

Damit war die Diskussion beendet.

***

Die Fake-Geschenke

Viel war noch nicht los, sodass ich zu Tagesbeginn alleine im Laden war. Wir haben einen Weihnachtsbaum mit Fake-Geschenken als Deko darunter. Dann kam eine Familie mit vier Kindern.

Als ich im Back Office verschwand, um die Getränke zu machen, hörte ich beim Zurückkehren in den Gastraum ein Kind weinen und die anderen schimpfen. Denn während die Eltern abgelenkt gewesen waren, hatten die Kinder unbemerkt die Fake-Geschenke ausgepackt. Und was hat ihnen der Weihnachtsmann gebracht? Genau: mit Papier gefüllte Pappkartons!

Jetzt ist es schon so weit gekommen, dass ich einen Aufsteller mit einem Blatt Papier an den Tannenbaum stellen muss, auf dem steht:

»ACHTUNG! Geschenke mit Sprengladungen gefüllt, bitte öffnen!«

***

Gästin: »Ich möchte gerne einen Verbesserungsvorschlag machen. Und zwar haben Sie ja für Heiligabend eine kleine Sonderkarte, aber auf der fehlen Kartoffelsalat und Würstchen und Sie müssen Karpfen als Fischalternative anbieten, weil es ein klassisches Weihnachtsgericht ist. Als Dessert sollten Sie unbedingt Bratapfel anbieten.«

Ich: »Wie kommen Sie denn da drauf?«

Gästin: »Ich kenne mich da etwas aus, mein Schwager hat einen Landgasthof im Schwarzwald ...«

Ab da sang ich im Kopf »Last Christmas« und tauchte ein in meine heile Kopfwelt.

***

Grand Cru Glühwein

Vor einiger Zeit boten wir Glühwein an. Das ging grundsätzlich auch echt gut. Bis ein Gast einmal seinen Glühwein bezahlen wollte. »4,50 Euro für einen Glühwein ... Ok, was verwenden Sie denn für Wein?«

Ich: »Einen für den Preis durchaus fairen Tafelwein.«

Gast: »Und was für eine Rebsorte oder welches Anbaugebiet?«

Ich: »Das ist eine Cuvee aus dem Südwesten.«

Gast: »Also kein reiner Bordeaux oder Cabernet?«

Ich: »Nein.«

Gast: »Für den Preis hätte ich etwas Exklusiveres erwartet.«

Ich: »Also, erstens machen wir unseren Glühwein selber und zweitens, was soll ich verkochen? Einen Grand Cru Classe aus dem Bordeaux? Oder einen Chianti Classico? Wollen Sie mir Sommeliers auf den Hals hetzen, die mich durch die Stadt treiben und mich am Rathaus aufknüpfen?«

Gast: »Ok, ausnahmsweise bezahle ich den Glühwein, aber beim nächsten Mal gehe ich woanders hin.«

Dann mal frohe Suche nach einem Grand Cru Glühwein!

***

Und ich dachte, es ist ein Gerücht

Vor den Weihnachtsfeiertagen ein Gast: »Wir möchten am 26.12. bei Ihnen mit acht Personen essen. Ich würde Sie bitten, unseren Tisch um spätestens 20 Uhr wieder zu vergeben, sodass wir dann wirklich gehen müssen. Ich muss meine Schwiegereltern einladen. Die quatschen immer so viel und bleiben ewig. Deswegen gehen wir mit denen Essen und sorgen dafür, dass wir nach einer höflichen Anstandsdauer alleine wieder nach Hause können, sonst werden wir die nicht los und meine Frau und ich wollen einen schönen Restabend haben.«

DAS ist der Grund, wieso tausende gestresste Menschen an Feiertagen Essen gehen!

***

Heute ein Gast: »Moin, mein Name ist ***. Also, wir kommen ja am 25.12. zu Ihnen und wollten fragen, ob Sie für uns einen exklusiven Raum haben.«

Ich: »Sie haben mit sechs Personen reserviert, korrekt?«

Gast: »Genau, wir mögen aber nicht so viele Menschen.«

Ich: »Ja, das kenne ich!«

Gast: »Ja, genau. Zu viele Menschen um uns herum mögen wir nicht und deswegen würden wir gerne einen separaten Raum mieten.«

Ich: »Kein Problem, das wären dann 1500,- Euro Raummiete. Die entfällt aber, wenn Sie mehr als 1500,- Euro verzehren.«

Gast: »Was??? Mit sechs Personen? Das kann doch nicht Ihr Ernst sein!«

Ich: »Sie wollen einen ganzen Raum für sechs Personen. Das ist mal mehr als exklusiv. Da muss man das schon löhnen.«

Gast: » ... Ok ... naja ... zu Weihnachten sind ja eh alle Menschen nett, vielleicht lernt man da welche kennen!«

Problem gelöst!

***

Weihnachtsterroristen

Neulich hatten wir einen besonders penetranten Anrufer und bevor jetzt jemand fragt, wieso ich mir das antue? Damit WIR was zum Lachen haben!

Gast ruft an: »Ich würde gerne einen Tisch für den 24.12. reservieren.«

Ich: »Da sind wir ausgebucht.«

Gast: »Waaas? Wir sind doch nur zu zweit.«

Ich: »Wir sind auch für zwei Personen ausgebucht.«

Gast: »Das kann doch nicht sein, Heiligabend ist doch erst in zwei Wochen.«

Ich: »Erst? Für gastronomische Zustände ist das schon morgen.«

Gast: »Können Sie uns auf die Warteliste setzen?«

Ich: »Wir führen keine.«

Gast: »Und wenn wir spontan kommen?«

Ich: »Dann dürfen Sie einmal durch das bumsvolle Restorang laufen und wieder gehen.«

Gast: »Aber wenn einer absagt?«

Ich: »Ruft fünf Minuten später der nächste an oder es kommen am Heiligabend 'n Haufen Walk Ins.«

Gast: »Aber können Sie keine Ausnahme machen?«

Ich: »Tut mir leid, aber wir haben Heiligabend keine Zeit, um eine Warteliste zu pflegen.«

Gast: »Und was sollen wir nun machen? Angeblich sind alle ausgebucht, das glaube ich nicht.«

Ich: »Viele glauben auch nicht, dass wir auf dem Mond waren, aber dennoch ist das so. Es ist doch logisch, dass es Weihnachten überall voll ist.«

Gast: »Ich verstehe es trotzdem nicht! Sie müssen doch irgendwie noch einen Platz für uns haben. Sonst kommen wir einfach später.«

Ich: »Wir sind doppelt und dreifach belegt, das wird nichts und ist auch nicht sinnvoll. Schließlich muss die Küche ja hinterherkommen.«

Gast: »Wir bleiben auch nicht lange, höchstens zwei Stunden oder so.«

Ich: »Nein, geht nicht.«

Gast: »Sie wollen also mein Geld nicht? Kein Wunder, dass so viele Betriebe pleitegehen. Servicewüste Deutschland.«

Ich: »Soll ich mich dafür entschuldigen, dass wir ausgebucht sind?«

Gast: »Ich weiß sonst nicht mehr, wo wir hinsollen. Bis Weihnachten ist es noch so lange hin und angeblich sind alle ausgebucht. Das ist doch nicht wahr.«

Ich: » ... Doch ...«

Gast: »Also, wenn Sie wirklich keinen Tisch für uns haben, werde ich Sie auch nicht weiterempfehlen! So unwillkommen habe ich mich ja noch nie gefühlt.«

Ich: »Ja ...«

Gast: »Ich werde Heiligabend vorbeikommen und gucken, ob Sie wirklich keinen Tisch haben.«

Ich: »Ok.«

Daraufhin legte Kommissar Schnürschuh auf.

***

Was passiert, wenn man am Nikolaus einfach auf jeden Platz kleine Schoko-Nikoläuse stellt:

Einige Gästen freuen sich.

Einige Gäste quittieren diese kleine Aufmerksamkeit damit, den Nikolaus sofort und ohne emotionale Regung zu vertilgen.

Eine Mutter mit Kind gab mir den Nikolaus mit den Worten zurück, dass ihr Kind nicht so viel Schokolade essen soll, worauf ich entgegnete, das Kind nicht vergiften zu wollen.

Ein Gast erklärte mir den Zusammenhang zwischen Kommerz und Christentum und wieso er den Nikolaus ablehne. Gegessen hat er ihn trotzdem.

Ein Gast fragte, ob wir statt Vollmilch auch Zartbitter hätten.

Ein Gast fragte vor dem Verzehr, ob der gratis sei, sonst würde er ihn nicht nehmen.

Nächstes Jahr stelle ich einfach kleine Kakteen auf die Plätze. Diese mit den hauchdünnen, fiesen Stacheln, die man nicht aus den Fingern bekommt.

***

Neulich rief mich eine Gästin an und sagte: »Wir sind am 25.12. bei Ihnen mit zwölf Personen. Ich muss für mich allerdings absagen, es sind dann nur elf.«

Ich: »Oh, schade, aber ich ändere es.«

Gästin: »Ja, Sie müssten im System stehen haben, dass ein Veganer dabei ist. Das bin ich. Und Sie bieten ja viel Gans an, oder?«

Ich: »Ja, zur Weihnachtszeit wird gefühlt nichts anderes bestellt.«

Gästin: »Ja, und deswegen komme ich nicht. Das ist ein Massaker, wenn überall Leichen auf den Tellern liegen und es nach verbrannter Haut riecht. Und im Internet habe ich gelesen, Sie bieten auch ganze Gänse an?«

Ich: »Ja ...«

Gästin: »Sehen Sie? Und ich sitze daneben und muss zusehen, wie eine Ganz massakriert und zerstückelt wird. Das kann ich nicht. Mal ein bisschen Fleisch zu sehen, ist schon extrem genug, aber Menschen zu beobachten, die wie Zombies Leichen zerfleddern, ist für mich zu viel.«

Ok ... Sie hätte auch einfach sagen können, dass sie absagt, und Ende.

***

Neues von Papst Ahmed

Letztens ein Gast zu Ahmed: »Also, Heiligabend sind wir wieder da und wollen von Ihnen bedient werden.«

Ahmed: »Nope, da habe ich frei.«

Gast stutzig: »Hä? Aber Sie feiern doch gar kein Weihnachten.«

Ahmed: »Ähm, wieso nicht?«

Gast: »Sind Sie kein Moslem?«

Ahmed: »Nein.«

Gast noch stutziger: »Aber Sie sehen so aus.«

Ahmed: »Lieber Bruder in Christo, lasse dich nicht blenden vom falschen Glauben. Gott ist in allem, in jedem

Menschen, in jedem Stein, in jedem Wesen. Und wer Jesus in seinem Herzen trägt, schreitet durch das Tal der Gerechten und Geläuterten.«

Wir rannten alle lachend ins Kühlhaus. Ahmed ... der ist Atheist!

***

Der Gastinator

Da kam er, der Gast der Gäste, der König unter den Gästen, der GASTINATOR.

Ein Pärchen. Als ich ihnen die Karten reichen wollte, sagte der Mann: »Nee, Karten brauchen wir nicht. Machen Sie mal.«

In meinem Kopf hallten die Worte »machen Sie mal« wie ein Echo wider.

Ich: » ... Hä?«

Gast: »Also. Wir wollen mindestens drei Gänge essen, vorweg einen Aperitif, und dazu korrespondierende Weine. Wir essen und trinken alles, also verlassen wir uns ganz auf Ihre Zusammenstellung.«

Ich stand nur so da, die Kinnlade verursachte eine Beule im Boden. Als der Gast merkte, dass ich etwas perplex war, ergänzte er: »Ja, was soll der Quatsch mit der Karte? Es gibt ja Menschen, die eine Speisekarte studieren, als wär's der Weltraum, und glauben, sie müssten darüber in Bewertungsportalen 'ne verschissene Doktorarbeit schreiben. Wir sind hier, um uns verwöhnen zu lassen, ohne nachdenken zu müssen, und Sie können sich mal richtig kreativ austoben.«

Ich hätte fast vor Freunde angefangen zu weinen, als ich sagte: »Ich liebe Sie!«

Die beiden waren dermaßen tiefenentpannt, dass ich glaubte, die wären auf Mario Ahna. Aber nö, die waren einfach nur mal richtig locker! Es gibt also doch noch Weihnachten.

***

Karma

Ostersonntag. Irgendwo in Hamburg.

Während der Laden schon am frühen Vormittag bumsvoll wurde und der Ansturm der kuchengeilen Kaffeezombies nicht mehr abzureißen schien, stand am Rande eine Oase der Ruhe – ein freier, weil reservierter Tisch. Da wir nun erst ab 10 Personen eine Reservierung annehmen, sah die Tafel aus fünf Tischen so friedlich aus, dass ich mich am liebsten auf sie gelegt und eine Stunde gemunkelt hätte. Ich ging zum Buch und guckte nach, wann die Gäste denn kommen wollten. 15:00 stand da. Beim Blick auf die Uhr war es bereits 15:15. Ich versuchte, die Gäste telefonisch zu erreichen, doch ohne Erfolg. Ich drehte mich um und sah eine kleine Schlange betrübt blickender, wartender Menschen, welche Einlass begehrten. Ich riss die Tafel auseinander und machte fünf Paare glücklich.

15:35 Uhr

10 Gäste standen in der Tür. Mit einem »Wir haben reserviert« begrüßten sie mich.

Ich: »Ah ... Sie hatten um 15:00 Uhr reserviert.«

Gast: »Ja, wir haben noch eine Hafenrundfahrt gemacht.«

Ich: »Das ist schön, aber den Tisch habe ich wieder vergeben.«

Gast: »Wie?!«

Ich: »Ja, Sie haben um 15:00 Uhr reserviert, ich habe versucht Sie zu erreichen, aber Sie sind nicht an das Telefon gegangen.«

Gast: »Das ist auch meine Dienstnummer gewesen. Also wir wollen jetzt einen Tisch.«

Ich blickte mich um und sagte: »Ich habe keinen.«

Gast: »Das ist doch eine Frechheit. Was machen wir jetzt? Wir sind extra hergekommen!«

Ich: »Hätten Sie mir rechtzeitig Bescheid gesagt, hätte ich Ihnen den Tisch freigehalten, aber leider passiert es zu oft, dass Gäste ohne Rückmeldung nicht kommen, und an einem Ostersonntag kann ich nicht auf Verdacht fünf Tische freihalten.«

Gast: »Das ist Ihr Problem und nicht meines.«

Ich: »Doch, das ist Ihr Problem, weil Sie jetzt keinen Tisch bekommen. Wenn Sie mich entschuldigen, ich muss weiter machen.«

Ich ließ die Gäste stehen, welche daraufhin gingen. Lange Diskussionen bringen da nichts. Wer nichts einsieht und uns nicht entgegenkommt, muss woanders essen. Die fünf Paare, die stattdessen an den vergebenen Tischen saßen, waren dafür umso dankbarer!

Terrorassengeschichten

Hurra, die Terrorassensaison hat begonnen!

Hamburg. 7° und strahlender Sonnenschein. Keine zwei Stunden nach Eröffnung war das Freigehege voll und die ersten Fragen/Kommentare ließen nicht lange auf sich warten:

»Haben Sie keine Steinpilze? Das ist so schrecklich kalt.«

»Können Sie den Schirm verstellen? Die Sonne blendet so.«

»Wir sitzen lieber draußen, da ist weniger Corona.«

»Haben Sie einen Tisch ganz in der Ecke? Wir wollen nicht neben Corona sitzen.«

»Ihr Kollege hat eben gehustet. Wurde er getestet?«

»Haben Sie einen Tisch, wo es nicht so windig ist?«

Und die Saison hat erst begonnen ... vor knapp drei Stunden!

***

Neulich kommt eine Gästin ins Freigehege und fragt mich, ob wir draußen noch einen Platz frei haben. Ich deute auf einen Tisch, da sagt sie: »Der steht ja in der prallen Sonne. Haben Sie keinen anderen?«

Ich drehe mich schwungvoll um die eigene Achse und antworte: »Terrorassenscanner sagt nein.«

Gästin: »Sie können doch nicht Gäste in die pralle Sonne setzen! Dann sind Sie Schuld, wenn man einen Sonnenbrand oder Hautkrebs bekommt oder viel schlimmer einen Hitzeschlag!«

Ich: »Die Sonne wandert ja und in 20 Minuten steht der Tisch im Schatten.«

Gästin: »20 Minuten reichen aus, um zu verbrennen. Es kann doch nicht sein, dass die Terrasse nicht flächendeckend beschirmt ist.«

Ich: »Es gibt leider keine 30 mal 30 Meter Schirme. Sonst gehen Sie rein.«

Gästin: »Da ist es mir zu stickig. Meine Lunge verträgt keine stickige Luft.«

Ich muss an das Atemgeräusch von Darth Vader denken und antworte: »Und jetzt? Wie entscheiden Sie sich? Nehmen Sie Pest oder Cholera, Tor 1 oder 2, wer kommt in den Recall?«

Gästin: »Sie waren wohl auch schon zu lang an der Sonne.«

Ich: »Gastro sucks!«

Sie ging ...

***

Auf der Terrorasse

Während ich drinne alles schicki mache, sehe ich wie ein Gast sich im Freigehege einen Stuhl zurechtrückt und sich etwas umständlich auf ihn setzt. Umständlich deswegen, weil Tische und Stühle mit Stahlseilen verschlossen waren. Aber wo ein Wille, da ein Weg. Unterdessen mache ich weiter mein MEP.

2 Minuten später – Der Gast beginnt, sich nach einem Kellner umzusehen.

2 Minuten später – Gast wendet sich zur Tür und stiert in den Eingang.

30 Sekunden später – Gast windet sich aus dem Stuhl-Tisch-Draht-Gespinst und geht zur Terrorassentür, welche seinem Drängen nach Einlass erfolgreichen Widerstand leistet. Also gehe ich hin, öffne und grüße mit einem lockeren Moin.

Der Gast: »Ich warte seit einer halben Stunde auf Bedienung.«

Ich: »Wir haben noch nicht geöffnet.«

Gast: »Das kann ich doch nicht wissen.«

Ich: »... Die Tische und Stühle sind festgekettet.«

Gast: »Ja, und? Ich dachte, damit die nicht wegwehen oder geklaut werden.«

Ich: »Eher wegwehen.«

Gast: »Ich nehme einen Kaffee und ein Schnitzel.«

Ich: »Gerne. Kommt in zwei Stunden.«

Gast: »Hahaha, klasse.«

***

Zwei Gäste sitzen am Tisch, darauf eine selbst mitgebrachte Flasche Pelegrino (ICH HASSE NESTLÉ!!!).

Ich gehe also an den Tisch, blicke einmal demonstrativ auf die Flasche und frage dann süffisant: »Was darf ich Ihnen zu trinken bringen?«

Gast: »Nichts, wir haben schon.«

Ich: »Selbst mitgebrachte Getränke sehen wir überhaupt nicht gerne.«

Gast: »Wieso? Sie müssen doch eh Wasser kostenlos anbieten, das stand in der Zeitung.«

Ich: »Also, erstens möchte das die EU so, was sich aber nicht durchsetzen wird. Zweitens besteht derzeit diesbezüglich keine Verpflichtung. Und drittens möchte ich auf meiner Terrasse keine Nestlé- Produkte.«

Beide Gäste stehen auf, der Mann schnippisch: »Pfff, dann gehen wir eben dahin, wo es erlaubt ist.«

Ich: »Viel Erfolg und wundern Sie sich auf der Suche nicht, wenn Sie irgendwann Thema bei XY Ungelöst sind.«

***

Ich baute die Terrorasse auf, da kam ein Gast und fragt, ob wir schon auf hätten, was ich verneinte. Darauf hakte er nach, er wolle nur einen Kaffee trinken, das wäre doch wohl möglich, worauf ich entgegnete: »Es ist so: Wenn ich Sie jetzt rein lasse, muss ich alle anderen, die Sie Kaffee trinken sehen, auch reinlassen. Ich muss aber nun das ganze Freigehege aufbauen, sauber machen und eindecken. Wenn ich simultan noch Gäste bedienen muss, werde ich nicht fertig und bediene Gäste auf einer halbfertigen Terrorasse. Und das ist WIRKLICH sehr anstrengend, weil jeden Tag Gäste danach fragen, schon vor Öffnung auf die Terrorasse zu wollen, verstehen Sie das? Ich kann mich ja nicht zerreißen!«

Darauf der Gast: »Oh, das wusste ich nicht und hätte mir das mal jemand vorher erklärt, hätte ich Sie in Ruhe arbeiten lassen, als Gast weiß man es ja nicht. Ich komme in einer Stunde wieder.«

Wenn man es ihnen erklärt und sie es verstehen, ist das die beste Gästeerziehung!!!

***

Deswegen müssen wir multi task sein

Tisch 1: »Können Sie den Sonnenschirm umstellen? Wir sitzen jetzt im Schatten und das ist doch sehr kühl.«

Tisch 2 am Winken

Ich: »Das geht leider nicht.«

Tisch 1: »Wieso?«

Tisch 2: »Hallo.«

Tisch 3 macht ein typisches »wir-wollen-zahlen«-Zeichen

Ich: »Der Fuß des Schirmes wiegt 200 Kilo.«

Tisch 4 hebt das leere Bierglas

Tisch 1: »Aber zuklappen geht.«

Ich: »Nein, dann beschweren sich die anderen Gäste.«

Tisch 2: »Hallo, können wir bestellen?«

Ich zu Tisch 2: »Nein.«

Tisch 1: »Also wir beschweren uns auch.«

Ich: »Besser ein Tisch als fünf Tische.«

Tisch 3: »ZAAAHLEN.«

Tisch 4: »Wenn Sie die Rechnung für die da bringen, bringen Sie uns gleich zwei Bier.«

Tisch 3: »Wir müssen zum Zug, wenn das jetzt bitte schneller geht.«

Tisch 4: »Und wir verdursten.«

Tisch 2: »Wir wollen jetzt bestellen, wir müssen noch zum König der Löwen.«

Tisch 1: »Nee, dann gehen wir woanders hin.«

Ich: »Tschüss dann.«

Ich also die Bestellung von Tisch 2 angenommen, dann rein, die Rechnung für Tisch 4, die Getränke gemacht und wieder raus. Und was sehe ich? Während ich drinne war, kam eine 20 Personen Gruppe Junggesellenabschied ...

... und die Kurzdenker vom DEHOGA glauben, dass wir das jeden Tag 10 Stunden wollen?

Die lieben Kleinen

Mama Knäckebrot: »Haben Sie einen Kinderstuhl?«

Ich: »Logo!«

Ich brachte den Kinderstuhl, da sagte die Mama Knäckebrot: »Was ist denn das für Holz?«

Ich: »Boah, ey, keine Ahnung.«

Mama Knäckebrot: »Wissen Sie denn, wo das Holz herkommt?«

Ich: »Aus'm Wald, nehme ich an.«

Mama Knäckebrot: »Hm, Sie wissen also nicht, ob das geschütztes Holz ist?«

Ich: »Naja, es ist lackiert.«

Mama Knäckebrot: »Nee, ich meine, ob die Bäume geschützt waren.«

Ich: »Nee, keine Ahnung.«

Mama Knäckebrot: »Haben Sie sonst einen anderen, weil der sieht mir nicht besonders sicher aus.«

Ich rüttelte an dem Stuhl und beschwichtigte: »Keine Panik, das Teil ist kampferprobt.«

Mama Knäckebrot: »Naja, Mia-Lotte ist sehr lebhaft. Ich möchte nicht, dass sie damit umfällt ... Nee, ich behalte sie lieber auf dem Schoß.«

20 Minuten später ein kindlicher Aufschrei. Als ich hineilte, war Mama Knäckebrot dabei, ihrer Tochter einen Klacks Tee vom Bein zu wischen. Der Versuch, Tee zu trinken, während das Kind auf dem Schoß sitzt, war keine besonders gute Idee. Glücklicherweise war Mia-Lottes Bein nur leicht rot, weil der Tee etwas abgekühlt war.

Ich zu Mama Knäckebrot: »Hochstuhl wäre geiler gewesen!«

***

Die Seifenblasen

Ich liebe ja diese Lifestyle-Muttis aus der Generation why! Neulich waren welche bei uns. Während ich laktosefreie Mandel-Soya-Lattes zusammenpanschte und mal nicht im Gastraum am Start war, kam Ahmed zu mir und meinte: »Ey, Alter, musst kein Spüli mehr bestellen.«

Ich: »Hä?«

Ahmed: »Die Waldorfterroristen in Ausbildung machen 'ne Schaumparty.«

Als ich in den Gastraum kam, flogen mir schon die ersten Seifenblasen entgegen. Da standen die Nachwuchsökos und bliesen Seifenblasen durch den Laden!

Ok, es war sonst niemand da, aber als ich dennoch die Muttis bat, ihren Kindern zu sagen, dass sie es lassen sollten, sagte eine: »Wieso? So lernen die Kinder Anziehungskraft und Thermik.«

Ich: »Echt jetzt? Die Seife verteilt sich auf den Tischen und überall. Wieso gehen Sie nicht raus?«

Mutti: »Hallo? Es ist kalt?«

Ich: »Ja, und? Da lernen die Kleinen Temperatur!«

Indoorspielplatz Restorang?!

***

Kind: »Ich will Cola.«

Mutti: »Nein, trink was Anderes.«

Kind: »Ich will aber Cola.«

Mutti: »Du bekommst aber keine Cola.«

Kind wird immer lauter: »Mama, ich will aber 'ne Coolaa.«

Mutti sichtlich nervöser: »Seraphine, du kannst doch auch eine Apfels ...«

Kind noch lauter: »Ich will keine Apfelschorle, ich will 'ne Cola, Mama!«

Mutti: »Zum letzten Mal, nein.«

Kind auf dem Weg ins Hysterische: »NIE DARF ICH MAL 'NE COLA, ICH WILL ABER 'NE COLA!!!«

Die anderen Gäste sahen schon hin.

Mutti: »Ok, eine Cola darfst du, aber dann hörst du auf zu nerven!«

Wieso sollte Seraphine noch nerven, wenn sie bekommen hat, was sie will?

***

Als ich an einem Tisch stand, um Gäste zu beraten, merkte ich einen kleinen Klaps an meinem Bein. Ich drehte mich um und erblickte ein Kind, das lachte. Ich dachte mir nichts dabei und drehte mich wieder um. Dann spürte ich einen dolleren Klaps, begleitet vom Lachen der Eltern, und ignorierte es, bis das Kind mir weiter auf das Bein klapste, ich mich umdrehte und zum Kind sagte: »Bitte lass das.«

Darauf die Mutter: »Der Kleine wird mal ein Boxer.«

Darauf ich: »Soll ich mal zurückboxen?«

Darauf die Mutter: »Geht's noch?«

Ich: »Benehmen wird wohl in der Waldorfschule nicht gelehrt?«

Der Vater zur Mutter: »Ich habe es so oft gesagt, dass Tim nicht alles dürfen muss.«

Die Mutter: »Du bist ja auch kein Pädagoge.«

Der Vater: »Das muss ich nicht sein, um Benehmen zu lernen.«

Ich ließ sie sich dann in Ruhe streiten und tat weiter meinen Dienst.

***

Letztens ein Opa mit seinem Enkel im Restorang. Bestellt der Opa: »Wir möchten zwei Apfelschorlen.«

Da guckt ihn das Kind an und sagt: »Opa, du hast nicht ›bitte‹ gesagt!«

Der Opa irritiert: »Habe ich nicht?«

Der Enkel: »Nein, hast du nicht. Du musst bitte sagen, sonst ist das unhöflich!«

Der Opa daraufhin: »Wir nehmen zwei Apfelschorlen, bitte.« Und zu seinem Enkel gewandt: »War das so richtig?«

Und der Enkel: »Ja, Opa, man muss immer höflich zu anderen sein.«

Darauf gab es für den Enkel eine große Apfelschorle aufs Haus!

***

Neulich eine Familie mit kleinem Kind. Weil ich am Tag zuvor gekifft hatte und deswegen besonders guter Laune war, brachte ich dem Minigast etwas zum Malen. Da sieht mich der Vater an und sagt: »Malsachen … das ist sehr nett von Ihnen, aber haben Sie kein iPad mit Spielen?«

Ich: » … bidde?«

Papa: »Wir waren letztens in einem Restaurant, da gab es für die Kinder iPads mit Spielen.«

Ich: »Wo war das?«

Papa: »In Dubai.«

Ich: »Oh, verstehe. Normalerweise schwappen Trends aus Dubai sofort nach Deutschland über. Ist ja um die Ecke.«

Papa: »Kein iPad?«

Ich: »Malblock und Buntstifte wie in der Steinzeit.«

Papa: »Sie sollten mehr mit dem Trend gehen.«

Ich: »Manchmal bin ich lieber old school!«

***

Wenn ich aus Kindern Alkoholiker mache

Eine Gästin: »Sie haben ja Malzbier.«

Ich: »Ja.« (In der Karte steht jedoch Malztrunk, weil es kein nach dem Reinheitsgebot gebrautes Malzbier ist.)

Gästin: »Sie nennen es vielleicht anders, aber es wird ja als Bier gebraut. Also ist es Malzbier.«

Ich: »Umgangssprachlich wird der Terminus ›Malzbier‹ verwendet, das ist korrekt.«

Gästin: »Und Kinder denken so, dass Bier trinken nicht schlimm ist. Das ist genauso wie mit Kindersekt, Kinderbowle und damals den Schokoladenzigaretten. Ich finde das unverantwortlich, das sollte nicht mehr verkauft werden.«

Ich: »Schokozigaretten gibt es ja nicht mehr und man benutzt heute weder die Begriffe ›Kinderbier‹ noch ›Kindersekt‹. Also verstehe ich jetzt nicht, was genau das Problem ist?«

Gästin: »Dass man Kinder so zu Alkoholikern und Rauchern macht.«

Ich: »Aber nicht jeder, der viel Fußball oder Formel 1 auf der Konsole spielt, wird Fußballer oder Raser.«

Gästin: »Doch, man verführt Kinder dazu.«

Ich: »Och, die lieben Kleinen kommen irgendwann schon von selber darauf!«

Gästin: »Tolle Einstellung!«

Ich: »Feiernd in den Untergang!«

***

Letztens 'ne Gästin mit einem SUV-mäßigen Kinderwagen. Sie prügelte sich so durch die Tischreihen, bis sie ihren Platz an der Sonne endlich fand. Blöd nur, dass das

Ungetüm mit Kinderinhalt den ganzen Weg versperrte. Lächelnd und wirklich höflich bat ich die Dame, den Kinderwagen am Eingangsbereich zu parken.

Gästin: »Nee, das geht nicht, der bleibt hier.«

Ich: »Aber Sie sehen ja, dass er den ganzen Weg versperrt. Sie können ihn doch da drüben ...«

Gästin: »Nee, wissen Sie, wie teuer der war? Ich muss den im Auge behalten.«

Ich: »Wir können ja auch mit drauf achten und ...«

Gästin: »Nee, mir wurden schon zwei geklaut, ich behalte den hier.«

Ich: »Das geht so aber nicht.«

Gästin: »Was stressen Sie denn so? Sie sind genauso kinderfeindlich wie dieser Laden, der Kinder unter sechs verbietet.«

Ich: »Und recht haben sie.«

Da war Ruhe und die Gästin weg.

***

Ich frage mich zuweilen, wie die Menschheit das Leben in Höhlen und lehmbodenverdichteten Holzhütten überstehen konnte und wie es Menschen in der »unzivilisierten« Welt schaffen, im Busch oder der Wüste nicht zu sterben!

Da kommt eine Familie: Vater – ein nach Bartöl riechender Hipster mit neongrüner Plastikbrille, undefiniertem Bart und fettigen, zum Dutt zusammengefisselten Haaren, Mutter – sah so aus, als wäre sie im Hammbacher Forst aufgewachsen und hat es gerade so überlebt, aber das Kleinkind war echt niedlich. Sie suchen sich einen Tisch. Daraufhin greift die Hammbacher Waldorfmutti in die Tasche, zieht ein großes Paket Sagrotan Tücher aus den Leinen und beginnt, alles OP-Saal-mäßig zu desinfizieren. Tisch, Stuhl, Menagen und den von uns gestellten Kinderstuhl. Kopfschüttelnd sah ich der Sagrotan-Mutti zu, die ihr Tun zu rechtfertigen versuchte, indem sie sagte: »Man kann ja nicht vorsichtig genug sein, immerhin gibt es auch in Krankenhäusern gefährliche Keime.«

Ich: »Nicht, wenn man dich mit deinem Packen Sagrotan Amok laufen lässt.«

Es gibt solche Freaks ...

Heute eine Gästin: »Die Karottensuppe, was sind das denn für Karotten?«

Ich: »Das sind rote und gelbe.«

Gästin: »Sind die Bio?«

Ich: »Ja, die kommen aus den Vier- und Marschlanden.«

Gästin: »Und sind die mit Sahne oder Milch gekocht und ist da Butter dran?«

Ich: »Jup.«

Gästin: »Ist das so 'ne klare Suppe oder grob?«

Ich: »Grob.«

Gästin: »Ist die sehr fettig oder eher so leicht?«

Ich: »Karottensuppe.«

Gästin: »Und reicht das als Hauptgang oder muss man die als Hauptgang nehmen und dann eine Vorspeise?«

Ich: »Mach mal einen Hauptgang.«

Gästin: »Und wenn ich die als Hauptgang nehme, geht auch 'ne größere Portion? Oder sonst machen Sie mehr, aber verdünnen die.«

Ich: »Ohne verdünnen.«

Gästin: »Dann nehme ich die, ohne verdünnt, aber mit wenig Salz und ohne Ingwer oder sowas. Ist da Gemüse drinne?«

Ich: »DAS ist eine Gemüsesuppe.«

Gästin: »Und ist da Paprika drinne?«

Ich: »NEIN!«

Gästin: »Ok, aber Kartoffelsuppe klingt auch gut.«

Ich: »Moment, Kollege kommt gleich!«

Karottensuppe ... 20 MINUTEN LEBENSZEIT WEGEN EINER ***ENEN KAROTTENSUPPE!

***

Letztens kam eine Gästin ins Restorang und lief durch den Laden. Sah merkwürdig aus, aber solche Menschen gibt es. Sie schien etwas zu suchen ... Ich sprach sie an: »Moin. Kann ich Ihnen helfen?«

Sie sah mich an und sagte: »Ich kann Ihnen helfen!«

Ich: »Sind Sie Psychologin? Oder machen Sie Steuererklärungen?«

Sie: »Nein.«

Ich: »Ok, schade.«

Sie: »Ich kann Ihnen helfen, mehr glückliche Gäste und mehr Personal zu bekommen.«

Ich: »Ah, Sie sind Unternehmensberaterin?«

Sie: »So ungefähr. Ich bin Feng Shui-Beraterin und will mich auf die Gastronomie spezialisieren! Ihr Gastraum hätte wesentlich mehr Potential, wenn Sie ihn nach den Regeln des Feng Shui umgestalten?«

Ich: »Oh nee, oder? Nicht die Bude umstellen! Wir haben endlich die Tischnummern ordentlich sortiert.«

Sie: »Ihr Raumkarma ist nicht besonders gut. Sie haben sicher oft Beschwerden, weil sich die Gäste unwohl fühlen.«

Ich: »Nö, die beschweren sich eher dann, wenn man sie so behandelt, wie sie den Sörwis behandeln, aber das ist ein anderes Thema.«

Sie: »Ich könnte Ihren Umsatz durch Wohlbefinden steigern.«

Ich: »Und was kostet das?«

Sie: „Nicht viel. 200,- Euro die Stunde."

Ich: »Und wie viele Stunden würden Sie veranschlagen?«

Sie: »Also, ein bis zwei Tage würde es dauern, vielleicht noch mehr.«

Ich: »Ähm … also … der Kassensturz sagt nein. Leider.«

Sie: »Sie können es sich noch überlegen, bevor meine Termine vergeben sind.«

Ich: »Ja … nee, leider nein. Leider gar nicht!«

Sie ging und zog einen Hauch Mysterium mit sich.

***

Wenn Gäste sensationelle Ideen haben

Eines Tages meinte ein Gast zu mir: »Das ist aber ruhig hier.«

Ich: »Ja, die erste Zeit nach Silvester ist immer ruhig. Die Leute katern aus und sparen nach der teuren Endjahreszeit ihre Kohle.«

Gast: »Aber da hätte ich eine Idee! Wie wäre es denn, wenn Sie die Preise runterdrehen und damit mehr Gäste gewinnen, wenn die Kohle nicht mehr so locker sitzt? Oder eine Neujahrs-Happy Hour oder alle schwulen Paare zahlen die Hälfte*.«

Ich: »Ähm … naja … nee … die Leute haben nach dem fülligen Dezember nicht so Bock, essen zu gehen.«

Gast: »Dann drucken Sie Flyer und verteilen die mit Rosen auf der Straße und jeder, der kommt, bekommt ein Glas Sekt auf's Haus.«

Ich: »Rosen sind teuer und wenn dann noch ein Glas Sekt pro Gast auf's Haus geht, sind wir im April pleite.«

Gast: »Oder Sie machen einen Food Truck.«

Ich: »Also das Einzige, was ich jetzt mache, ist Feierabend.«

Gast: »Überlegen Sie es sich, Sie können mich sonst auch anrufen.«

Ich: »Ok … mache ich … dann …«

Ok, ich war sehr verwirrt!

*keine Ahnung ... WIRKLICH keine Ahnung, wie der darauf gekommen ist.

***

Und wieder ein Klassiker!

Letztens eine Gästin: »Ich nehme das Schnitzel, aber geht das glutenfrei?«

Ich: »Klar, machen wir.«

In weiser Voraussicht servierte ich ihr glutenfreies Brot, sie sah es an und fragte: »Ist das glutenfrei?«

Ich, sehr zufrieden: »Ja, selbstgebacken!«

Gästin: »Oh, sorry, aber glutenfreies Brot vertrage ich nicht, haben Sie normales?«

Ich verwirrt: » ... Ähm ... ja, aber da ist ja Gluten drin ...«

Gästin: »Also, bei Brot vertrage ich Gluten, nur eben kein glutenfreies Brot. Ich bin etwas Besonderes.«

Bei der nächsten Zombie-Apokalypse isst sie sicher nur Gehirne von Glutenintoleranten, die anderen Hirne verträgt sie nicht ...

***

Gästin: »Ich habe eine Frage zum Risotto. Ist da Wein drinne?«

Ich: »Ja, Weißwein.«

Gästin: »Können Sie den weglassen wegen dem Alkohol?«

Ich: »Klar, aber der Alkohol verfliegt komplett.«

Gästin: »Das wurde mir schon mal erzählt, aber wenn ich in eine Verkehrskontrolle komme, habe ich das Problem und nicht Sie.«

Ich: »Also selbst wenn Spuren von Alkohol vorhanden wären, wären die kaum messbar.«

Gästin: »Ich gehe lieber auf Nummer sicher.«

Ich stelle mir gerade vor, wie die Frau in einer Verkehrskontrolle vom Polizisten gefragt wird, ob Sie was getrunken hat, und dann antwortet: »Getrunken nichts, aber dafür fett Risotto gegessen.«

***

Als ich neulich bei einer Gästin die halb verzehrte Vorspeise ausgehe und fragte, ob es nicht schmeckte, sagte sie: »Nein.«

Ich: »Was hat Ihnen denn nicht geschmeckt?«

Gästin: »Das sage ich Ihnen nicht.«

Ich: »Sollte der Fehler bei uns liegen, können wir ihn so nicht abstellen und uns nicht verbessern.«

Gästin: »Wer einen Fehler macht, hat Pech gehabt. Gut machen, können Sie es eh nicht mehr.«

Ich: »Alles klar.«

Dann, als ich die Rechnung servierte, sagte sie: »Den Espresso hätten Sie ja runter nehmen können.«

Ich: »Wozu? Ich kann keine Fehler eingestehen, die ich nicht nachvollziehen kann.«

Darauf die Gästin: »Naja, es hat mir nicht geschm ...«

Ich unterbrach sie (dann ist das eben unprofessionell) und entgegnete: »Ich tausche keinen Espresso gegen Kritik!«

***

Sowas gibt es wohl nur in Hamburg

Eine Frau kam herein, hinter ihr ihr männlicher Begleiter. Sie: »Sind hier Hunde erlaubt?«

Ich: »Ja, kein Problem.«

Daraufhin drehte sich die Frau zum Mann und sagte: »Hast du gehört, Köter sind erlaubt.«

Darauf der Mann: »Danke, Herrin.«

Ich dachte, das wäre einen Gag gewesen. Als die beiden zum Tisch gingen, sagte die Frau zum Mann: »Los, nimm mir den Mantel ab und halte mir den Stuhl hin, du nutzloses Stück Scheiße.«

Darauf der Mann: »Ja, Herrin. Danke, Herrin.«

Als ich nach Getränken fragte, sagte die Frau: »Das da bekommt nichts. Es muss es sich verdient haben.«

Darauf der Mann: »Danke, Herrin.«

Die Frau: »Du redest, wenn du gefragt wirst, du nutzloses Viech.«

So ging es munter weiter, bis die Dame die Rechnung bestellte. Als ich sie ihr reichte, herrschte sie den Mann an: »Los, bezahl das, du dummes Schwein. Nächstes Mal kommst du gefälligst selbst drauf zu zahlen. Wie kann man so dumm und unnütz sein?!«

Der Mann lächelte und zahlte. Dann sagte sie zum Mann: »So, verpiss dich und sei bloß pünktlich morgen.«

Als der Mann weg war, sagte die Frau zu mir: »Puh, endlich Feierabend … Wundern Sie sich nicht, das ist eine Schlampe zur Ausbildung. Sie glauben nicht, was die bereit sind, dafür zu zahlen.«

Tja … was machen wir dann noch in der Gastro?

***

Eben eine Gästin: »Ich nehme ... Moment ... ich nehme ... den Lachs ... ja, Lachs. Kommt der aus dem Fluss oder dem Meer?«

Ich: »Aus dem Meer.«

Gästin: »Sind da Gräten drinne?«

Ich: »Nein, wir haben alle entfernt.«

Gästin: »Das ist gut, weil Gräten mag ich überhaupt nicht.«

Ich: »Echt nicht? Komisch! Hatte letztens einen Gast, der wollte Grätensalat.«

Gästin: »Ach, nee, wie pervers! Also, eigentlich mag ich keinen Lachs, aber ich nehme ihn.«

Ich: »Sicher?«

Gästin: » ... Ja, sicher!«

20 Minuten später: Nachdem ich den Lachs servierte, rief mich die Gästin zu sich: »Der Lachs ist super ... wenn man Lachs mag. Da ich nicht so gerne Lachs esse, schmeckt er mir auch nur bedingt.«

Ich: »Und wieso bestellen Sie sich etwas, von dem Sie wissen, dass es Ihnen so semi schmeckt?«

Gästin: »Weil die anderen Fischgerichte mag ich nicht und außerdem macht Lachs eine schöne Haut. Was ich eben an Lachs nicht mag ist, dass er immer so nach Fisch schmeckt.«

Ich: »Möchten Sie sonst eine dicke, fette Bratensoße zum Abtarnen?«

Gästin: »Ohja, das wäre lieb.«

Und dann aß sie tatsächlich Lachsfilet mit Rosmarinjus ...

Und am Ende, als sie zahlte, sagte sie noch: »Also die Soße war wirklich lecker, der Lachs so naja.«

Ok, aber wenigstens war die Soße lecker!

***

Letztens ein Gast: »Sagen Sie, im Omelett, ist da viel Ei drin?«

Ich: »Nee, bloß drei.«

Gast: »Und der Rest?«

Ich: »Käse, Schinken, Zwiebeln.«

Gast: »Gut, dann nehme ich das mit wenig Ei.«

***

Was für ein Tumult

Als ich mich gerade in einer eher ruhigen Minute mit einem Kollegen unterhalte, höre ich, wie sich aus Richtung der Toiletten ein immer lauter werdender Streit entwickelt. Also bin ich da mal entspannt hingedackelt, um Feuerwehr zu spielen. Der Kriegsschauplatz bot folgendes Bild: Eine ältere Dame und ein älterer Mann standen vor den Toiletten, die ältere Dame schlug den Herren mit ihrer Handtasche. Ich brauchte einige Minuten, ehe ich die Dame überzeugen konnte, den Herrn nicht weiter zu schlagen. Dann schimpfte sie auch gleich los: »Das ist ein Spanner. Der Mann wollte mich vernaschen.«

Der Mann: »So ein Unsinn, ich habe mich doch nur in der Tür geirrt und bin statt auf die Herren- auf die Damentoilette gegangen. Es war doch nur ein Irrtum.«

Die Dame: »Ach ja? Und wieso haben Sie mich dann so keck angegrinst und so lüstern geguckt? Ich bin vielleicht Witwe, aber so leicht nun auch nicht zu bekommen.«

Mann: »Ich Sie angegrinst? Ich habe mich lediglich entschuldigt.«

Dame: »Entschuldigt? Sie Wüstling haben mich doch schon am Tisch immer beobachtet und so obszöne Gesten mit der Gabel gemacht. Ich habe sehr gute Augen.«

Mann: »Also, das ist ja die Höhe, ich habe Sie überhaupt nicht beachtet. Wenn meine Frau noch leben würde, könnte Sie das auch bestätigen.«

Dame: »Jaja, Ihre Frau. Sie halten mich wohl für eine Straßendirne, was? Damen auf die Toilette zu begleiten, ist frivol!«

Ich versuchte, zu intervenieren, was mir bei dem maschinengewehrartigen Schlagabtausch nicht gelingen wollte.

Mann: »Was erlauben Sie sich, mir zu unterstellen? Ich bin Major außer Dienst.«

Dame: »Mein Mann war Hauptkommissar, der hätte Ihnen mal gehörig Benehmen beigebracht.«

Der Mann guckt mich an und sagt: »Und was wollen Sie?«

Ich: »Schlichten?«

Dame: »Schlichten? Pah, ich könnte Ihre Großmutter sein! Als wären wir nicht in der Lage, unsere Meinungsverschiedenheiten selbst zu erledigen.«

Mann: »Sehr genau, gnädige Frau.« Und zu mir gewandt: »Also kümmern Sie sich mal lieber darum, dass meine Bestellung endlich gemacht wird.«

Ich: »JAWOHL, HERR MAJOR.«

Bevor er was entgegnen konnte, war ich weg.

***

Wonder Woman

Letztens ein Pärchen im Restorang. Völlig unauffällig. Als ich die Bestellung aufnehme, sagt die Gästin: »Also, wir hätten gerne einmal den Caesar Salad vorweg und dann einmal das Rinderfilet und Kotelettes.«

Als ich mich bedanke und gehen will, sagt sie: »Moment, mein Mann will auch noch bestellen.«

Ich: »Sie wollen eine Vorspeise und zwei Hauptgänge?«

Gästin: »Ja, und hinterher noch ein Dessert. Kann ich dat auch gleich bestellen?«

Ich gucke nur doof. »Klar«, sage ich.

Gästin: »Dann noch den Käseteller.«

Am Ende hat sie tatsächlich vier Gänge gegessen. Wie ist dat medizinisch zu erklären? Die ist ein absoluter Endgegner für XXL-Restorangs!

***

Gast: »Ich nehme einen Latte Macchiato, aber bitte mit zwei Espresso und mit etwas mehr Milch.«

Ich: »Ok … also doppelt so viel Milch?«

Gast: »Ja, circa. Wenn es geht mit 1,5 % Fett und Süßstoff. Hat der Kaffee viel Säure?«

Ich: »Nein, die Säure ist sehr angenehm.«

Gast: »Gut. Viel Säure kann ich nicht vertragen und wenn der Kaffee zu bitter ist, mag ich den auch nicht.«

Ich: »Sie verdünnen den Kaffee in Milch und trinken den mit Süßstoff. Wenn Sie Glück haben, schmecken Sie sogar den Kaffee raus.«

Gast: »Naja, ich trinke eigentlich nicht gerne Kaffee, aber muss noch 200 km fahren und will deswegen wach bleiben.«

Ich: »… ok …«

Gast: »Sonst nehme ich statt Kaffee Tee. Da ist ja auch Koffein drinnen.«

Ich: »Also einen Tee Latte?«

Gast: »Ja, aber auch mit weniger starkem Tee.«

Ich: »Kollege kommt gleich.«

... Kühlhaus ...

***

Beschwerde des Monats – Die Rückenschmerzen

»Sehr geehrte Damen und Herren,

meine Frau und ich waren am **.**.2019 bei Ihnen essen. Und obwohl es sehr schön war, stellten wir bei unserer Ankunft zuhause fest, dass wir sehr starke Rückenschmerzen bekamen. Wir gehen mit großer Wahrscheinlichkeit davon aus, dass Ihre zwar sehr bequemen, aber wohl unergonomischen Stühle dafür verantwortlich sind. Ich empfehle Ihnen daher, Ihre Stühle von einem Physiotherapeuten überprüfen zu lassen. Des Weiteren kommen wir gerne wieder zu Ihnen und ich bin mir sehr sicher, dass Sie uns auf Grund unserer starken Schmerzen sehr entgegenkommen werden.

Mit freundlichen Grüßen,

[Name]«

Meine Antwort:

»Sehr geehrter Herr [Name],

vielen Dank für Ihr Kompliment und es tut mir leid, dass Sie und Ihre Frau schlimme Rückenschmerzen erleiden mussten. Wir haben diese Stühle bereits einige Jahre und bis jetzt nie Beschwerden über gesundheitsschädliche Eigenschaften in ihrer Ergonomie erhalten. Ich gehe mit an Sicherheit grenzender Wahrscheinlichkeit davon aus, dass bereits Physiotherapeuten, Ärzte und andere auf den Stühlen saßen, ohne Beschwerden zu bekommen. Dass Ihre Rückenschmerzen von unseren Stühlen kommen, halte ich zwar für möglich, aber nicht für wahrscheinlich.

Ob ich Ihnen bei Ihrem nächsten Besuch sehr entgegenkomme? Gerne! Ich könnte Ihnen beim Hauptbahnhof entgegenkommen und wir bummeln gemeinsam zum Restorang.

Mit freundlichen Grüßen,

Olli Riek«

***

Die Grätenintoleranz

Ein Gast: »Der Lachs ist der grätenfrei?«

Ich: »Ja.«

Gast: »Also absolut keine Gräten drinne?«

Ich: »Unsere Köche sind da sehr gewissenhaft, aber es kann immer mal sein, dass eine Gräte im Filet ist.«

Gast: »Also es darf absolut keine Gräte im Filet sein, die vertrage ich überhaupt nicht. Können Sie mal nachfragen?«

Ich: »Beim Lachs?«

Gast: »Beim Koch.«

Ich: »Er wird Ihr Stück penibelst entgräten.«

Gast: »Können Sie es mir garantieren?«

Ich: »Nein. Ich stecke nicht drin.«

Gast: »Das ist mir dann zu gefährlich. Ich nehme einen Salat.«

***

Er ist wieder da …

… er war schon mal da …

Mit einer Bibel in der Hand betritt er das Restorang. Ohne ein »Grüß Gott« fragt er mich unumwunden: »Haben Sie mittlerweile zu Gott gefunden?«

Vor ein oder zwei Jahren war der Mann zwei Tage hintereinander bei uns auf göttlicher Mission.

Ich: »Nee … wir leben so nebeneinander her. In guter Nachbarschaft sozusagen.«

Papst: »Aber Sie können doch nicht ohne Gott den allmächtigen Herren leben?!«

Ich: »Mein Arzt sagt schon.«

Papst: »Verleugnen Sie Ihre Eltern?«

Ich: »Bitte?«

Papst: »Wenn Sie Vater und Mutter ehren, die Ihnen das Leben schenkten, so müssen Sie Gott ehren und lieben, der uns alle erschaffen hat.«

Ich: »Jaaa … Ich sach mal so: Mit Gott ist es wie mit meinem Erzeuger: Beide kenne ich nicht.«

Der Papst fassungslos: »Sie sind in Sünde geboren?«

Ich: »Ist die Geburt erst ruiniert, lebt's sich gänzlich ungeniert. Von daher alles cool. Ich bin gesund und habe auch als sündige Kellnerbratze was erreicht. Also hat Mama alles richtig gemacht.«

Papst: »Sie sind auf dem falschen Weg. Sie müssen sich entscheiden, ob Sie als Sünder und Frevler in die Hölle wollen oder als geläuteter Diener Gottes in den Himmel.«

Ich: »Die Hölle stelle ich mir vor wie eine Restorangküche: Heiß, viel Dampf und lauter schreiende Sünder. Dann lieber da.«

Papst nun sauer mit der Bibel hochhaltend: »Sie sind verloren. Ihre Seele ist verloren. Sie haben sich von Gott abgewandt und spotten seinen Namen. Das vergibt er Ihnen nicht. Sie sind des Teufels.«

Er ging.

Halleluja.

Gäste und ihre vierbeinigen Freunde

Kacki

Neulich kam nachmittags ein Gast mit seinem kleinen Hund (erst dachte ich, es sei eine Ratte) und bat darum, kurz auf die Terrorasse gehen zu dürfen, damit sein Hund kurz laufen kann. Kein Thema, ich öffnete und der Kleine konnte über die Terrorasse fegen.

Ich machte meinen Dienst weiter, bis ich irgendwann an einem Tisch Sörwis machte, der einen Blick auf die Terrorasse bot, und was sah ich? Einen kleinen, lecker dampfenden Hundehaufen. Ich ging ins Back Office, holte eine alte Tüte und Einweghandschuhe, ging zurück ins Restorang und reichte es dem mich verwundert ansehenden Gast mit den Worten: »Ihr Hund hat Kacki gemacht, das hier werden Sie brauchen.«

Gast: »Wie bitte, ich soll das wegmachen?«

Ich: »Ihr Hund, Ihre Kacki.«

Gast: »Das hätte auch von einem anderen Hund sein können.«

Ich: »Die Terrorasse ist nur durch das Restorang betretbar und Sie sind seit einer Stunde der einzige Gast mit einem Hund. Die Größe des Hundehaufens in Relation zur Größe Ihres Hundes lassen unzweifelhaft auf Ihren Hund schließen. Und dass Ihnen das beim Ausführen nicht auffiel, ist erstaunlich.«

Gast: »Also das erachte ich als eine Unterstellung, die Sie nicht beweisen können, aber gut, der Klügere gibt nach.«

Er ergab sich seinem Schicksal und ich fragte mich, wieso es immer wieder Menschen gibt, die glauben, uns verarschen zu können?

***

Einmal hatten wir einen Gast, der gleich beim Reinkommen bemerkte, dass er eine schwere Hundehaarallergie hätte. Das war kein Problem, weil kein Hund zugegen war ... die Betonung liegt auf WAR.

Denn eine halbe Stunde später kommt eine Gästin mit ihrem Ludwig Flakon- (keine Ahnung, wie man das schreibt; ihr kennt doch diese braunen, italienischen Handtaschen, die so scheiße teuer sind) Taschenköter und begehrte Einlass.

Ich: »Wir haben einen Gast mit einer Hundehaarallergie, deswegen kann Ihr ... Hund nicht mit ins Restorang.«

Gästin: »Aber der ist doch ganz klein.«

Ich: »Das macht ihn aber nicht zur Katze.«

Gästin: »Wir können uns doch ans andere Ende setzen und ich decke den Hund ab.«

Ich: »Moment ... Online-Doktor sagt nein. Sie dürfen gerne in ein paar Stunden wiederkommen.«

Gästin: »Das geht nicht, meine Schwägerin kommt aus Mainz und ich wollte ihr die Stadt zeigen. Sie war noch nie in Hamburg und vorher wollte ich noch eine Kleinigkeit essen, weil es sonst zeitlich zu knapp wird, da mein Sohn mich dann ...« Ich stellte auf Durchzug und träumte von einer weißen Karibikinsel. Als sie fertig war, entgegnete ich: »Nein.« Nein passt eigentlich immer!

Gästin: »Also das finde ich wirklich diskriminierend. Ich kann doch meinen Hund nicht alleine draußen anbinden, sonst klaut den noch einer.«

»Der ist so klein, den übersieht man locker oder hält ihn für 'ne Ratte«, dachte ich. »Tut mir wirklich leid, aber ich muss eben ins Kühlhaus.« Mit einem Diener verabschiedete ich mich.

Warum ... warum gibt es Menschen, die glauben, nach Kenntnisnahme ihrer ganzen Lebensgeschichte würde dies aus einem »nein« ein »sehr gerne« machen? Ist ein Psychologe hier, der mir das erklären kann?

***

Amadeus

Eine ältere Dame kommt zum Desk und fragt: »Ich würde gerne bei Ihnen essen, aber ich habe einen kleinen Hund, der gerade vor der Tür wartet. Darf ich ihn mit reinbringen? Er kann doch nicht die ganze Zeit alleine draußen bleiben.«

Ich: »Natürlich dürfen Sie ihn mit reinbringen, sofern er nicht bellt, vorher in der Elbe badete oder AfD wählt.«

Dame: »Gott bewahre, der wählt die Grünen. Das ist sehr nett von Ihnen.«

Sie holte den Hund rein. Keine Ahnung welcher Rasse er zugehörig war, klein war er ... sehr klein. Kleiner als 'ne Katze.

Dame: »Amadeus ist schon alt und kann nicht lange alleine bleiben. Sie glauben ja gar nicht, wie oft er nicht mit ins Restaurant darf. Der liegt unter dem Tisch und ist ruhig. Aber immer stört sich jemand daran. Dabei ist das doch kein Umstand. Er haart ja nicht mal oder stinkt oder knurrt. Amadeus habe ich gut erzogen.«

Mit Hunden ist es wie mit Gästen: Sie dürfen bleiben, solange sie sich anständig benehmen.

***

Wie bei »Findet Nemo«

Gestern eine Familie im Freigehege. Vater, Mutter, kleine Tochter und ein Hund. Wenn man einem Hund Stress ansehen kann, so war dieser ein depressives Wrack. Warum? Weil das kleine Terroristenkind permanent am Köter zugange war. »Puschi, Puschi, spielen ... Puschi, tomm schon spielen ... Mama, Puschi will nicht ...«

Und Mama? Die machte fleißig Fotos mit ihrem Handy, während Papa Sportbild las.

Ich wäre denen am liebsten gefolgt, um in einer Nacht-und-Nebel-Aktion Puschi zu befreien.

***

Manchmal ist man wirklich Kindergärtner

Ein älteres Pärchen sitzt im Laden, unter dem Tisch ihr kleiner Hund, Muckel. Als ein Mann am Nebentisch anfängt zu niesen, ging es los.

Mann am Nebentisch: »Nehmen Sie mal den Hund weg, ich habe Allergie!«

Frauchen: »Setzen Sie sich doch woanders hin, wir waren zuerst hier.«

Mann am Nebentisch: »Soweit kommt es noch, dass ich für einen Hund Platz mache.«

Frauchen: »Das ist doch nicht mein Problem? Gehen Sie doch mit Ihrer Allergie!«

Das ging eine ganze Zeit hin und her, bis ich einschritt. Zum Mann mit der Allergie sagte ich: »Sie können das auch netter sagen und die Dame nicht so angehen. Und das Wort ›Bitte‹ kann man auch verwenden.«

Das Frauchen: »Genau!«

Ich zu Frauchen: »Und Sie können mal etwas Rücksicht nehmen. Dass bei uns Hunde erlaubt sind, ist reine Nettigkeit und durch Ihr Verhalten bewirken Sie das Gegenteil.«

Der Mann am Nebentisch: »Richtig so.«

Ich: »Ihr Hund kann gerne in den Nebenraum und Sie beide sind jetzt lieb und vertragen sich, sonst müssen Sie beide gehen, ja?«

Danach war Ruhe.

Vegan und nachhaltig

Der humane Veganismus

Neulich hatte sich eine Gruppe bei uns angesagt mit einer Veganerin dabei. Wie vorab besprochen, bekam die Veganerin ihr Wunschgericht serviert und war begeistert. Da sie bei der Reservierung schon sehr rational war, nutzte ich die Gelegenheit, mich ein wenig mit ihr zu unterhalten. Auf meine oft schlechten Erfahrungen mit veganen Populisten und aggressiven Bekehrungsversuchen entgegnete sie: »Wenn ich dir als ersten Satz vorwerfe, dass du ein Mörder oder Leichenfresser bist, passiert was? Genau, du gehst in eine Art Verteidigungs- oder Abwehrhaltung. In Dialogen war es schon immer kontraproduktiv, mit dem Finger auf einen zu zeigen und ihn zu kriminalisieren. Wenn ich aber sage: ›Hey, probiere doch mal ein veganes Gericht, welche ja heute sehr modern und vielseitig sind!‹, wecke ich was? Genau, Neugier. Wenn ich dir eine dir fremde Sache näher bringen will, muss ich die positiven Aspekte hervorheben und dir die Zeit geben, diese zu verstehen. Das verstehen aber die Veganer nicht und sorgen daher nur für Ablehnung und geben der Sache ein schlechtes Gesicht. Denn Gewohnheiten kannst du nicht mit Druck, sondern nur mit rationalem Verständnis ändern. Wenn das klappt, ist das ein Erfolg. Wenn nicht, bleibt nur noch, die kommenden Generationen vom Fleischkonsum weg zu bewegen.«

Dem konnte ich nichts entgegensetzen und solche Menschen sind es, die wirklich was bewegen können. Sie hat in mir jedenfalls ein Denken angeregt, ohne zu versuchen, mich zu stigmatisieren oder mich pauschal als erstes zu kriminalisieren. Daran sollten sich militante Veganer ein Beispiel nehmen!

***

Da sieht man, dass die Hoffnung nie aufgegeben werden darf

Rief eine Frau an und sagte: »Ich würde gerne am 09.11. bei Ihnen essen. Wir sind acht Personen. Jetzt habe ich auf Ihrer Homepage gelesen, dass Sie Veganer nur bei Vorankündigung berücksichtigen. Ich bin Veganerin. Könnten Sie mir da was machen?«

Ich: »Ja, klar. Entweder sprechen wir ein Gericht oder Menü ab oder Sie lassen sich überraschen.«

Sie: »Ich lasse mich überraschen. Ich finde es im Übrigen gut geregelt. Der Mann meiner besten Freundin ist Koch und der hat mal erzählt, wie nervig spontane Extrawünsche sind. Und ich weiß auch, dass viele Veganer glauben, ein Ernährungsdiktat vorschreiben zu können. Aber es sind nicht alle so. Und solange auch wir den Restorangs die Gelegenheit geben sich vorzubereiten, haben beide Seiten weniger Stress und mehr Verständnis füreinander. Wir wollen ja alle einen schönen Abend!«

Erst dachte ich, jemand verarscht mich wieder, aber ich glaube, sie meinte es wirklich ernst. Es ist schön zu sehen, dass es auch Veganer ohne Ignoranz gibt!

***

20 Beispiele, woran man militante, vegane Trolle erkennt?

1. Sie äußern sich nie zu normalen Themen, sondern filtern ihre Aktivitäten nach veganen Algorithmen,

2. Sie benutzen für jedes Thema dieselben Schlagwörter und Argumentationsformen, um so intelligenter zu wirken, »Seziesmus« und der gleichen vermitteln eine schlaues Tiefenwissen,

3. Sie hassen alles und jeden, der nicht ihrer Meinung ist, und wen sie nicht missionieren können, machen sie nieder,

4. Meinungsfreiheit und Demokratie kennen sie nicht. Ihre Meinung und ihre Sicht auf die Welt ist die allgemeingültige und alleinrichtige. Abweichende Meinungen und differenzierte Ansichten kennen sie nicht,

5. Sie leben mit ihresgleichen in einer Filterblase und informieren sich nur konform und für sie missionarisch nutzbringend,

6. Wer in ihrer Filterblasenwelt leben will, muss eben so kompromisslos radikale Ansichten haben, wie alle anderen aus der veganen Kommune auch. Abweichende Ansichten werden mit Ausschluss bestraft,

7. Veganer bekämpfen den angeblichen Hass und die Respektlosigkeit gegenüber Tieren mit gleichermaßen tiefsitzendem Hass und Respektlosigkeit ihren Mitmenschen gegenüber. Mit Beleidigungen, Diffamierung und allerlei Vorwürfen wollen Sie mit Unrecht Unrecht bekämpfen,

8. Sie überzeugen nicht, sie missionieren. Geduldige, auf Sachlichkeit und Respekt basierende Gespräche gibt es nicht. Wer sich durch Beleidigungen nicht bekehren lässt, ist in ihren Augen ein Mensch zweiter Klasse,

9. Sie sind Doppelmoralisten, die glauben, mit veganer Ernährung die Welt zu retten, während sie selber Auto/

Motorrad fahren, Handy benutzen, beim Discounter und IKEA einkaufen und Klamotten tragen, die in Asien von Hungerlohnopfern zusammengenäht werden,

10. Sie stehen gerne im Mittelpunkt und halten sich für ernährungsphysiologische Genies,

11. Sie definieren ihre ganze Existenz an ihrer Ernährung. Veganer sein heißt, es jedem SOFORT zu erzählen. Am liebsten im Restorang, welches sich komplett auf den veganen Gast einzustellen hat,

12. Veganer lieben Avocado, aber frage mal lieber nicht, wie die angebaut werden.

13. Sie präsentieren sich als Übermenschen ohne Fehl und Tadel. Wenn Fehler gemacht werden, ist die Gesellschaft daran schuld,

13. Ähnlich wie Weltuntergangstheoretiker propagieren Veganer seit Jahren die »Gemüse-Revolution«. Die kommt bestimmt auch. Im Fernsehen,

14. Sie sind permanent meckernde, miesgelaunte Grumpys, die alles und jeden namenstanzend in die Flucht schlagen,

15. Sie essen keine Tiere, aber sperren welche zur eigenen Belustigung in ihre Wohnungen. So wie Katzen, deren natürliches Revier ca. 3km umfasst,

16. Sie kämpfen gegen den Klimawandel, fliegen aber gerne in den Urlaub oder gehen auf vegane Kreuzfahrt,

17. Sie leben nur so nachhaltig, wie es ihr mitteleuropäischer Anspruch an Luxus und Konsum zulässt,

18. Sie umarmen Bäume,

19. Sie haben immer das letzte Wort,

20. Sie beenden Diskussionen erst dann und akzeptieren ein »Nein«, wenn man sie blockiert!

***

Einmal ein Gast: »Den Grünkohl nehme ich gerne ohne Wurst und Kasseler, das muss ich nicht haben.«

Also servierte ich den Grünkohl ohne Fleisch. Am Ende meinte der Gast: »Lecker, so veganer Grünkohl.«

Ich: »Der ist nicht vegan!«

Gast: »Hä? Aber ich habe den doch ohne Fleisch bestellt.«

Ich: »Ja schon, aber im Grünkohl ist Schweineschmalz und zwar 'ne ordentliche Portion.«

Darauf der Gast: » ... Oh ... ok ... Hat ja niemand gemerkt.«

***

Regional = National

Neulich fragte mich ein Gast, woher unsere Austern stammen. Ich antwortete, sie kämen aus dem holländischen Wattenmeer. Daraufhin der Gast: »Vorhin meinte Ihre Kollegin, die Austern seien regionale Produkte.«

Ich: »Sind sie doch auch.«

Gast: »Nein, sind sie nicht! Die kommen ja nicht aus Deutschland!«

Ich: »Stimmt. Aber sie stammen aus der Nordsee und das ist nicht weit weg von hier.«

Gast: »Das spielt ja keine Rolle. Regional bedeutet auch, dass sie aus Deutschland kommen. Da spielt es keine Rolle, wie weit weg das ist.«

Ich: »Also, die Austern leben bummelig 250 km von hier entfernt in der Nordsee, sind aber nicht regional, weil nicht Deutsch, aber wenn ich Alpenmilch kaufe, die von Kühen stammt, die 700 km weit entfernt grasen, ist das regional?«

Gast: »Ja, weil die aus Deutschland stammt.«

Glücklicherweise warteten Gäste an der Tür auf mich ...

***

Nachhaltigkeit ist das A und O

Es war an einem Nachmittag nichts los. Also schnackten wir mit den Gästen und daddelten etwas rum, als vor dem Restorang ein SQ 8 (ein SUV von Audi von der Größe eines Panzers) einparkte. Eine Frau seilte sich aus dem Cockpit und betrat den Laden. Ich platzierte sie an einem Tisch, als sie sofort sagte: »Ich habe im Internet gesehen, dass Sie nachhaltig sind und viel Bio anbieten?«

Ich: »Ja, so gut es geht, das ist korrekt!«

Gästin: »Oh, das ist gut! Ich lege sehr viel Wert auf Nachhaltigkeit und regional erzeugte Bio-Lebensmittel.«

Ich glotzte nebenbei auf das anthrazitfarbene Schlachtschiff vor der Tür und entgegnete: »Ja, Nachhaltigkeit ist sehr wichtig. Auch im Sinne des Umweltschutzes ...«

Gästin: »Ja, wenn wir so weitermachen hinterlassen wir der nächsten Generation eine Müllhalde.«

Ich: »Die anderen. Wir nicht, weil wir ja nachhaltig denken.«

Gästin: »Ja, da haben Sie wohl Recht.«

Ich: »Sie haben ein echt schönes Auto.«

Gästin: »Oh, vielen Dank. Es ist ja eigentlich für mich alleine zu groß, aber es ist sehr komfortabel und man hat eine gute Übersicht. Vor allem fürs Einkaufen ist der Wagen top.«

Ich: »Ja, das glaube ich. Man möchte ja auch alleine einen gewissen Komfort genießen.«

Gästin: »Ja, zumal ich ein Ferienhaus in der Schweiz habe und da sind größere Fahrzeuge von Vorteil.«

Ich: »Ja, SUV sind wirklich tolle Erfindungen.«

Gästin: »Oh ja, sobald das Nachfolgemodell auf den Markt kommt, gebe ich den in Zahlung.«

Man muss wirklich ernst bleiben und eine leichte Naivität an den Tag legen, um solche Gespräche wirklich durchzuhalten. Das Resultat seht ihr ja. Mache Menschen schnallen es nicht. Ökos fahren SUV und Veganer gehen auf Kreuzfahrt. Schöne kranke Welt!

***

Die Überlachsung

Neulich bestellte sich eine Gästin Lachs. Ein richtig schönes, fettes Stück Lachs. Ich fragte sie bei der Bestellung noch nach der Garstufe, sie wollte Medium.

Als ich später zu ihr ging, um zu fragen wie es schmeckte, sagte sie: »Also, wenn ich gewusst hätte, wie fettig der ist, hätte ich was anderes bestellt. Außerdem ist der nicht ganz durchgebraten und für mich viel zu salzig. Legen Sie den in Salz ein?«

Ich: »Nein, da kommt nach dem Braten nur etwas Meersalz drauf.«

Gästin: »Und der schmeckt irgendwie ... sehr ölig. Also mit dem stimmt es hinten und vorne nicht.«

Ich: »Sie haben jetzt an dem Lachs quasi alles bemängelt, was Lachs ausmacht. Sie kennen Lachs?«

Gästin: »Ja, natürlich, wir essen oft Lachsfischstäbchen. Aber sowas wie das hier habe ich noch nie erlebt. Wo kommt der Lachs her?«

Ich: »Aus Norwegen.«

Gästin: »Da wäre mir regionaler Lachs lieber. Vor allem schmeckt jetzt alles nach Lachs. Die Kartoffeln, das Gemüse, alles riecht und schmeckt fischig, weil der ganze Tran ausläuft.«

Ich: »Klassischer Fall von Überlachsung.«

Gästin: »Überlachsung?«

Ich: »Ja, das ist, wenn der Lachs das Gericht dominiert und sich in den Vordergrund spielt. Kennt man auch von der Überschnitzelung. Das sind gastronomische Fachbegriffe.«

Gästin: »Ah ... ok ... naja, also ich esse das jetzt trotzdem auf, weil es zu schade zum Wegwerfen ist. Aber bestellen werde ich das nie wieder. Es sei denn, Sie haben auch mal so etwas wie low fat Lachs.«

Ich: »Die Lebensmittelindustrie arbeitet daran!«

Eigentlich wird es bald zu kalt fürs Kühlhaus ...

***

Manchmal lesen Gäste einfach nicht, was am Eingang oder auch in der Karte steht.

Gast: »Ich habe nichts Veganes in Ihrer Karte gefunden.«

Ich: »Computer sagt ja, wir haben keine veganen Gerichte.«

Gast: »Wie meinen Sie das, Sie haben keine veganen Gerichte?«

Ich: »So wie ich es sagte. Computer sagt nein.«

Gast: »Haben Sie absolut nichts?«

Ich: »Salat und die Gemüsebeilagen. Daraus kann man was Undefinierbares zusammenbraten, aber abgerundete, vegane Gerichte haben wir nicht.«

Gast: »Ihr Ernst?«

Ich: »Ja!«

Gast: »Aber alle bieten das an.«

Ich: »Nicht alle.«

Gast: »Aber was bieten Sie dann veganen Gästen?«

Ich: »Nichts.«

Gast: »Naja ... gut ... man kann ja mal eine Ausnahme machen. Also wenn Sie was mit wenig Fleisch haben, würde ich mal ein Auge zudrücken.«

Und zack, Rinderfilet verkauft, schmeckte dem Gast. Er aß hochwertiges Fleisch und niemand wurde verletzt.

So muss Gastro!

***

Als ich am Ende des Essens nach Dessert und Kaffee fragte, sagte die Gästin: »Ich würde ja 'ne heiße Schokolade nehmen, aber ...«

Ich: » ... Aber?«

Gästin: »Naja ... ich finde 3,50 Euro echt sehr teuer.«

Ich: »Es ist, wie in der Karte deklariert, eine fair trade Schokolade.«

Gästin: »Haben Sie keine andere?«

Ich: »Nein.«

Gästin: »Ist fair trade 'ne Sorte?«

Ich musste mir so das Lachen verkneifen und antwortete: »Das heißt, dass die Erzeuger, die Bauern und Erntehelfer faire Löhne erhalten, und das ist dann etwas teurer.«

Gästin: »Ja, aber die sind ja so weit weg, das ist ja nicht mein Problem.«

Ich: »Doch, weil Sie heiße Schokolade wollen, aber den Preis nicht zu zahlen bereit sind.«

Gästin: »Wenn man den Kakao hier anbauen würde, wäre das billiger. Aber so ist es mir zu teuer. Wir verdienen ja auch nicht viel, warum soll ich dann bessere Löhne in Ländern bezahlen, die ich noch nicht mal kenne?«

Ich: »Also das Argument spricht sehr für Sie.«

Gästin ganz stolz: »Ja, danke, bin ja nicht blöde!«

Ich musste ins Kühlhaus!

***

Es war kurz vor unserer Veganer-Verbannung.

Eine Gästin fragte mich: »Ich würde gerne wissen, ob Ihre veganen Gerichte auch wirklich vegan sind?«

Ich: »Na klar.«

Gästin: »Ich muss dazu sagen, dass ich Veganerin bin.«

Ich: »Das tut mir sehr leid. Also die Gerichte sind vegan.«

Gästin: »Ja? Ich habe schon erlebt, dass man Hühnerbrühe für das vegane Risotto verwendete.«

Ich: »Ich kann Ihnen versichern, dass wir für unser veganes Schweinegulasch nur Gemüsebrühe verwenden.«

Gästin: »Ah, das ist gut. Als Veganerin ist mir das sehr wichtig. Können Sie das garantieren?«

Ich: »Ja, dat Schweinegulasch ist vegan!«

Gästin: »Ich bin da sehr vorsichtig und nehme lieber einen Salat. Der Caesar Salad, ist der vegan?«

Ich: »Nein.«

Gästin: »Können Sie den vegan machen?«

Ich: »Ja, ich lasse das Dressing und die Sardellen weg.«

Gästin: »Sonst nehme ich einen Bauernsalat aber ohne Ei.«

Ich: »Das geht. Sie sagten, Sie seien Veganer?«

Gästin: »Veganerin bitte und ja, bin ich. Ist der Salat gut gereinigt? Manchmal sind ja noch Käfer drin.«

Ich: »Käfer sind keine mehr drin, die würden auch extra kosten.«

Gästin: »Naja, was manche so essen ...«

Ich: »Also ein Bauernsalat mit Essig/Öl.«

Gästin: »Haben Sie kein anderes Dressing?«

Ich: »Nee.«

Gästin: »Dann Essig/Öl, aber mit mehr Öl als Dressing und dazu eine Apfelschorle.«

Ich: »Hatten Sie erwähnt, dass Sie VerganerIN sind?«

Gästin: »Ja.«

Ich: »Ok, ich hatte das nicht so mitbekommen, dass Sie Veganerin sind. Gut, dass ich nochmal gefragt habe, ob Sie Veganerin sind.«

Wer unsere Reaktion jetzt nicht nachvollziehen kann, hat noch nie am Tisch stehen und sich das Lachen verkneifen müssen!

***

Es funktioniert

Letzte Woche rief ein Gast an und sagte: »Ich habe gelesen, dass Sie für Veganer nur noch auf Vorbestellung etwas servieren. Wir wollten nächste Woche Montag mit unserer Firma zu Ihnen kommen, also ca. 20 Personen. Eine Kollegin ist Veganerin und mag so gerne Nudeln mit Pilzen und Kräutern.«

Nun waren die dann da. Die Veganerin bekam, was sie sich wünschte, und sagte am Ende zu mir: »Dass Sie auf Vorbestellung auf Wünsche eingehen, finde ich sogar besser, als eine vegane Alternative bestellen zu müssen, die einem eigentlich nicht schmeckt. Ich finde das toll. Und wenn ich spontan irgendwo hingehe, muss ich mir selber Gedanken machen. Das kenne ich aber schon und kann damit gut leben.«

So geht Gastronomie!

***

Es gibt Menschen, die Greta Thunberg dafür verurteilen, dass sie mit einem dieselmotorunterstützten Segelschiff über den Atlantik schippert.

Gleichzeitig lassen sich Veganer aus Kanada über den Atlantik fliegen, um dann mit einem 16500 PS starkem dieselbetriebenen Luxusliner eine vegane Kreuzfahrt zu machen, und ein Passagier redet dann noch davon, dass man beim Umweltschutz und Nachhaltigkeit auch die Ernährung mit einbeziehen sollte?

Dann verzichte ich lieber auf die Kreuzfahrt und ess 'n Schnitzel.

Genau mein Humor!

***

»Die Gastronomie ist schuld am Klimawandel«

Letztens hatte ein Gast eine ganz einleuchtende Erklärung für den Klimawandel. Als ich eine Co2-Flasche wechselte (und ihr ahnt, was jetzt passieren wird), nahm das Verhängnis seinen Lauf.

Gast: »Was ist denn das für eine Flasche?«

Ich: »Das ist eine Co2-Flasche für die Bierzapfanlage.«

Gast: »Co2? Sie benutzen ein Treibhausgas, um Bier zu zapfen?«

Ich: » ... Ja?«

Gast: »Die Gastronomie ist schuld am Klimawandel. Wenn das alle machen, ist es kein Wunder, dass wir bald keine Erde mehr haben.«

Ich: »Sie haben völlig recht. Während Kreuzfahrt- und Containerschiffe, Flugzeuge und Autos vor lauter Liebe laufen, verringert jedes Glas Bier die Lebenserwartung der Erde um satte 100000 Jahre. Skandal!«

Gast: »Ja, ist doch so. Wenn eine Co2-Steuer kommt, dann gucken Sie aber.«

Ich: »Die wird es nicht geben, weil die Co2-Flaschen-Produzenten vom Staat subventioniert werden, die das Co2 ja weiterverarbeiten. Das kann sich der Staat gar nicht leisten!« (Alles mal frei erfunden, einfach rausgeballert)

Gast: »Den Staat sollte man verklagen.«

Ich: »Verklagen Sie die USA, von denen bekommen wir das nämlich. Deutschland ist nur der Zwischenhändler.«

Gast war völlig perplex und ging kopfschüttelnd von dannen.

***

Fragt eine Gästin: »Haben Sie glutenfreien Kuchen?«

Ich ganz happy: »Ja, klar!«

Gästin: »Was für welchen?«

Ich: »Apfelkuchen. Den kann ich auch mit laktosefreier Sahne anbieten.«

Gästin: »Och ne, Apfel? Haben Sie nicht auch andere Sorten? Außerdem habe ich keine Laktose, ich bin nicht so empfindlich.«

Ich: »Nee ... nur Appel, aber läggär!«

Gästin: »Wieso haben Sie denn nur eine Sorte?«

Ich: »Wegen der geringen Nachfrage.«

Gästin: »Aber Apfel mag ich nicht. Außer Apfelstrudel. Haben Sie den?«

Ich: »Nee.«

Gästin: »Wieso das denn nicht?«

Ich: »Keine Nachfrage.«

Gästin: »Hm ... Was haben Sie sonst?«

Ich zählte sämtliche Desserts auf.

Gästin: »Nee ... Ich bin ja auf Kuchen eingestellt, aber wenn Sie es nicht für nötig halten mehr Rücksicht auf Menschen mit Glutenintoleranz zu nehmen, gehe ich woanders hin.«

Ich: »Tschüssi!«

Gästin: »Also Sie sollten flexibler sein.«

Ich: »Wer zu flexibel ist, der bricht irgendwann.«

Gästin: »Naja ... dann gehen Sie eben pleite.«

Ich: »Frank Rosin habe ich schon angerufen, der rettet unseren Laden nächste Woche!«

Bäm, Ruhe!

***

Neulich eine Gästin: »Die Ananas, ist die regional?«

Ich: »Bitte was?«

Gästin: »Ja, so aus Zuchthäusern, aber dadurch regional.«

Ich: »Nee, die importieren wir.«

Gästin: »Hm ... nee ... wenn es nicht regional ist, möchte ich es nicht.«

Ich: »Ihre Handtasche kommt aus Italien?«

Gästin: »Ja, und? Die esse ich ja nicht!«

Logik.

***

Gästin: »Ist der Lachs Wildfang?«

Ich: »Ja.«

Gästin: »Dann nehme ich den nicht. Denn Zuchtlachse kennen wenigstens die Freiheit nicht und wurden dieser nicht beraubt. Zuchtfische hingegen kennen nur die Gefangenschaft und sind nichts anderes gewöhnt.«

Ihr glaubt nicht, wie schnell ich im Kühlhaus war!

***

Die vegane Revolution

Wir haben eine kleine Fläche unseres Buffets freigemacht und dort eine vegane Ecke eingerichtet und es ein wenig beworben. Zum Testen erstmal nur das Übliche: vegane Brotaufstriche und vegane Fleischersatzprodukte. Und siehe da? Wir brachen diesen Versuch ab! Die veganen Brotaufstriche kamen recht gut an, zwei Sorten behielten wir dauerhaft, aber die veganen »Wurst«-Waren schmeißen wir regelmäßig weg. Es ist nicht so, dass sie nicht angerührt wurden, aber bis auf hier und da mal eine Scheibe, nahm niemand etwas von den Platten. Einige Gäste meinten sogar, sie hätten es getestet, blieben aber beim Original, weil ihnen die vegane Version nicht schmeckte. Veganer an sich hatten wir über einen Zeitraum von 2 Wochen ganze vier.

Woran liegt es also?

Vielleicht weil die vegane Revolution lokal dort stark ist, wo alternative Lebensweise überproportional vertreten ist?

Weil die Qualität der Ersatzprodukte das Original zu ersetzen noch nicht im Stande ist?

Weil konträr zur medialen Berichterstattung vegan noch längst nicht flächendeckend auf dem Vormarsch ist?

Dieser Versuch hat uns gezeigt, dass es wohl (leider) noch nicht soweit ist. Schade um das Geld!

***

Ok, jetzt ist es soweit – sowas Peinliches ist mir in 16 Jahren Kellnerei noch nicht passiert:

Ich komme ins Restorang und sehe zwei Personen mit dem Rücken zu mir am Tisch sitzen. Die eine Person steht auf und sagt, in Richtung der Toiletten gehend, zu mir im Vorbeigehen: »Ich hätte gerne eine große Apfelschorle.«

Darauf ich: »Möchte Ihr Mann auch eine?«

Die Frau blickt kurz zu ihrer Begleitung und sagt, sich leicht beherrschend: »Das ist nicht mein Mann, sondern meine Tochter!«

Boden auf, Olli rein, Boden zu.

***

Einmal eine Gästin: »Ich hätte gerne einen Avocadosalat.«

Ich: »Haben wir nicht.«

Gästin, welche sich eine große Cola bestellte, antwortete: »Aber Avocado ist doch so gesund.«

Ich: »Mango auch, aber Computer sagt nein.«

Gästin: »Das verstehe ich nicht, Avocado ist doch schon ein Grundnahrungsmittel.«

Ich: »Avocado ist in seiner jetzigen Produktionsmenge umweltschädlich und teuer und außerdem ist für mich die Avocado der Latte Macchiato der Gemüsesorten. Gibt's überall, aber will ich nicht.«

Gästin: »Naja, man muss doch auch mal dem Trend folgen.«

Ich: »Trends killen Individualität. Will ich auch nicht. Wenn morgen alle plötzlich Dry aged Kuhfladen anbieten, muss es mir ja auch nicht schmecken.«

Gästin: »Hm ... dann werden Sie aber irgendwann pleitegehen.«

Ich: »Ja, wenn die Avocado-Krise kommt, eher nicht. Möchten Sie etwas anderes als Vorspeise?«

Gästin: »Nö ... nööö, wenn Sie keine Avocados haben, nicht. Aber Mangosalat. Mango haben Sie ja, sagten Sie.«

Ich: »NEIN! Mango ist der Hipster unter den Obstsorten, habe ich nicht!«

***

Gast: »Da steht ›Gemüse der Saison‹, haben Sie kein Marktgemüse?«

Ich: »Wir verwenden die Bezeichnung nicht. Im Grunde ist es beides das gleiche. Das, was man derzeit regional bekommt.«

Gast: »Aber wenn Sie kein Marktgemüse anbieten, geht ihr Küchenchef also nicht auf den Markt und kauft es selbst ein?«

Ich: »Das ›Markt‹ bezieht sich dann eher auf ›Großmarkt‹. Sicher gehen Küchenchefs kleinerer Betriebe noch selber auf den Markt und auch Sterneköche tun das. Aber die allermeisten lassen sich das Gemüse liefern.«

Gast: »Also wissen Sie nicht, woher das Gemüse kommt, und lassen es durch LKWs liefern? Das ist nicht besonders gut für die Ökobilanz.«

Ich: »Ich weiß, wo unser Gemüse herkommt, und die Lieferanten beliefern nicht nur uns, sondern auch andere Kollegen.«

Gast: »Deswegen gibt es überall immer dasselbe. Weil alle beim gleichen Lieferanten bestellen.«

Ich: »Sie mögen regionale Produkte?«

Gast: »Natürlich!«

Ich: »Dann ist doch logisch, dass man bei großen Erzeugern aus der Region bestellt. Eine Möhre ist eine Möhre und eine Gurke eine Gurke. Bis auf vielleicht kaum schmeckbare Nuancen macht das keinen Unterschied.«

Gast: »Also wir ziehen unser Gemüse immer selber, sollten Sie vielleicht auch tun.«

Ich: »An sich keine schlechte Idee, aber dann müsste ich einen Bauernhof anbauen. Dann ist es aber auch kein Marktgemüse sondern Bauernhofgemüse.«

***

Die deutsche Volkstomate

Gast: »Sagen Sie mal, die Tomaten im Salat, sind das deutsche?«

Ich: »Nein, die kommen aus Spanien.«

Gast: »Wieso nehmen Sie keine deutschen?«

Ich: »Weil die noch nicht schmecken. Generell sind spanische oder italienische geiler.«

Gast: »Ja, aber mir sind weniger gute, aber dafür regionale Tomaten lieber. Das ist auch wesentlich besser für die Umwelt und man tut was für den deutschen Bauern.«

Ich: »Die Ökobilanz der spanischen oder italienischen Tomaten ist schon deswegen besser, weil da mehr Sonne scheint und weniger künstliche Wärme erzeugt werden muss als in Deutschland. Selbst mit dem Transport verbraucht eine spanische oder italienische Tomate weniger Co2 als eine deutsche.«

Gast: »Das wird aber den deutschen Bauern ruinieren, wenn Sie da so ignorant sind.«

Ich: »Ich kenne keinen Bauern, der ausschließlich von Tomaten lebt und wegen Tomaten ruiniert wird.«

Gast: »Also, dann verzichte ich auf die Tomaten.«

Ich: »Ok, und wo der Rest des Salates herkommt, interessiert Sie gar nicht?«

Gast: »Nein, der wird schon aus der Region kommen und wenn nicht, muss man eben Kompromisse eingehen.«

Und ab ins Kühlhaus.

***

Hier mal die Quintessenz einer kleinen Sammlung von der argumentativen Überzeugungsarbeit militanter Veganer, die für eine gerechte Sache mit sehr ungerechten Beleidigungen kämpfen.

»Du bist ein Mörder«

»Aasfresser«

»Leichenschänder«

»Leichenfresser«

»Du frisst auch deine eigenen Kinder«

»Tierquäler«

»Ich hoffe, du krepierst bald und wirst von deinesgleichen gefressen«

»Ihr werdet bald merken, wie sich sterben anfühlt«

»Wer Fleisch isst, steht auch auf Kinder«

»Ich wünsche dir mehr den Tod als unschuldigen Tieren«

»Dich als Schwein zu beleidigen, wäre eine Beleidigung fürs Schwein«

»Massenmörder«

»Tierzerfledderer«

»Du solltest für jeden Mord in der Hölle schmoren«

»Omni for Untergang«

»Du bist schuld an der Erderwärmung«

»Fleischnazi«

»Ich hoffe, du erstickst am Leichenfleisch«

»Dass Fleischkonsum dumm macht, sieht man an dir«

»Du bist bestimmt AFD-Mitglied«

»Schneide dir deine Beine ab und friss die«

»Du stirbst, bevor du Wandel erleben wirst, weil dich dein Konsum umbringen wird«

Toleranz ist eben leider nicht immer vegan!

***

Gästin: »Haben Sie Avocadosalat?«

Ich: »Nein.«

Gästin: »Hm ... sollte man aber schon auf der Karte haben. Avocados gehören in jedes Restaurant. Sie sind doch Bio oder nicht?«

Ich: »Nee, Olli.«

Gästin: »Hahahaha, witzig. Aber im Ernst.«

Ich: »Bio sind wir nicht. Wir sind rational.«

Gästin: »Ich sage Ihnen, dass Sie dringend Ihr Konzept ändern sollten. Sie sollten alles in Bio anbieten.«

Ich: »Avocado ist nicht Bio.«

Gästin: »Aber regional?«

Ich: »Avocados sind nicht regional.«

Gästin: »Das weiß ich, aber sonst bieten Sie regionale Produkte an?«

Ich: »Wenn es geht ja, aber nicht ausschließlich.«

Gästin: »Das sollten Sie dringend ändern!«

Ich: »Ok, mache ich.«

Gästin: »Ok ... dann nehme ich bitte einen Grünen Tee.«

Ich: »Habe ich nicht.«

Gästin: »Weil der nicht Bio ist?«

Ich: »Nee, weil der nicht regional ist.«

Danach hatte ich endlich Feierabend!

***

Im Freigehege

Butterkuchen

Gast: »Ich hätte gerne ein Stück Butterkuchen. Was ist das denn für Butter?«

Ich: »Wir beziehen unsere Butter aus Schleswig-Holstein.«

Gast: »Aber das ist keine Margarine oder?«

Ich: »Nein, Butter.«

Gast: »Man hört ja immer wieder, dass statt Butter Margarine genommen wird, weil die billiger ist.«

Ich: »Mag sein, aber wir nehmen Butter.«

Gast: »Ich schmecke das auch sofort, wenn es keine Butter ist.«

Ich: »Das glaube ich Ihnen.«

Gast: »Margarine ist ranzig und schmeckt immer nach Benzin. Sie nehmen aber Butter, oder?«

Ich: »Ja ... Butter.«

Gast: »Ist der Butterkuchen frisch?«

Ich: »Ja ... ganz frisch.«

Gast: »Also es gibt ja Restorangs, die den in die Mikrowelle legen, damit er frisch wirkt, obwohl er alt ist.«

Ich: »Frisch.«

Gast: »Gut. Dann nehme ich ein Stück. Sind da Mandeln drauf?«

Ich: »Ja.«

Gast: »Dann nehme ich ein Stück.«

Ich: »Gerne.«

Gast: »Aber ohne Mandeln, dagegen bin ich allergisch.«

Ich: »Wir haben auch Apfelkuchen.«

Gast: »Was für Äpfel?«

Ich: »Finkenwerder Herbstprinz.«

Gast: »Sind das grüne Äpfel?«

Ich: »Nein, rote.«

Gast: »Grüne Äpfel mag ich nicht, die sind mir zu sauer!«

Ich: »Rooooot!!!«

***

Oh weia!

Gast: »Mit was betreiben Sie denn Ihren Herd? Gas oder Elektro?«

Ich: »Mit Gas.«

Gast: »Also, dann sollten Sie auf Elektro umstellen, Gas ist sehr umweltschädlich und nicht mehr akzeptabel.«

Ich: »Da haben Sie vollkommen Recht. Aber unser Gas ist fair trade Biogas aus regionaler Erzeugung. Wir beziehen unser Gas von einem Bauern, der eine Biogasanlage besitzt. Die ist vegan zertifiziert, weil die Tiere nicht geschlachtet werden, sondern zur Biogaserzeugung gehalten werden. Also veganes fair trade Biogas.«

Gast: »Oh, das ist ja klasse und vor allem nachhaltig. Sehr ökologisch von Ihnen.«

Ich bedankte mich brav und zog mich ins Kühlhaus zurück.

***

Geile Reservierung: »[...] möchten wir Sie bitten, auf Deko aus Schnittblumen zu verzichten, man stellt ja auch keine Schweineköpfe in die Vase. Des Weiteren würden wir uns freuen, wenn Sie uns eine Auswahl an Speisen zusammenstellen, die frei von allem Tierischem sind. Falls Sie noch ein oder zwei frutarische Gerichte haben, wäre das klasse.

Wir freuen uns sehr auf unseren Besuch [...].«

Eine Gästin: »Ich nehme die Maispoularde.«

Nachdem ich ihr die Hühnertitte servierte, sah sie mich verwirrt an und meinte: »Ist das Fleisch?«

Ich: »Ja ...?«

Gästin: »Ach so? Ich dachte, das ist vegetarisch, weil da steht ja Mais.«

Ich: »Carpaccio ist ja auch kein Heißgetränk, nur weil das so klingt.«

***

Gast: »38 Euro für ein 250 Gramm Filet? Also das ist wirklich extrem überteuert.«

Ich: »Das Fleisch stammt aus deutscher Weidehaltung und Schlachtung aus der Region. Das hat natürlich seinen Preis.«

Gast: »Aber so teuer? Also nicht, dass Sie mich falsch verstehen. Ich bin absolut gegen Massentierhaltung und bezahle gerne für eine artgerechte Haltung Geld. Aber so viel?«

Ich: »Sie bezahlen ja auch das gesamte Gericht plus Arbeits- und Betriebskosten.«

Gast: »Ich würde das ja bestellen, aber nicht über 20 Euro.«

Ich: »Dann ist es Massentierhaltung und Sie müssten es sich zuhause braten.«

Gast: »Ich bin mir sicher, dass man auch günstig UND artgerecht verkaufen kann.«

Ich: »Nein. Filet ist und bleibt ein Luxusprodukt. Nur weil Discounter durch Massentierhaltung den Preis drücken und aus einem Luxus- ein Massenprodukt generieren, heißt dies nicht, dass sich Bauern mit einem ökologischen und qualitativen Anspruch es sich leisten können, mit Discounterpreisen mithalten zu können.«

Gast: »Mir ist das viel zu teuer, dann esse ich es eben nicht.«

Ich: »Und so tun Sie unbewusst etwas gegen Massentierhaltung. Sie wollen es sich ebenso wenig leisten wie andere Menschen auch und so sinkt die Fleischproduktion. Und indirekt bestätigen Sie mir das, was ich schon lange vertrete: Fleisch sollte viel teurer sein!«

Das sind dann aber auf der anderen Seite auch jene Gäste, welche mit einem Mercedes zu Aldi fahren. À propos Mercedes: Das Leder, stammt es eigentlich aus der Massentierhaltung?

Politisch schwierige Gäste

Nein.

Ich muss nicht jeden Gast bedienen. Gäste, die eine pluralistische Gesellschaft ablehnen und die mit viel Blut und Leid erkämpfte Demokratie dazu benutzen, ihren Hass, ihre Ablehnung und ihren Partikularismus dahinter zu verstecken und glauben, ihre hasserfüllte Doktrin mit der Demokratie zu legitimieren, will ich nicht bedienen. Es ist ein Paradoxon, dass einfältige Menschen den Sörwisgedanken einer vielfältigen Gastronomie in Anspruch zu nehmen für richtig halten. Gast ist Gast, heißt es so schön. Doch wenn ein Gast mit der Philosophie eines Restorangs oder Hotels nicht konform läuft, ist nicht der Betrieb falsch, sondern der Gast. Die Gastronomie ist eine Branche, die seit jeher von Zuwanderung profitiert. Die Gastronomie ist ein Emulator, der Grenzen sprengt und eine homogene Masse formt. Etwas Neues, Grenzenloses. Es ist wie beim Fußball. Woher jemand kommt, woran er glaubt, wen er liebt ist egal. Es zählt die Leistung des Einzelnen für den Erfolg der Mannschaft.

Mir ist egal, ob jemand die AfD in der Mitte der Gesellschaft sieht. Für mich ist es eine rassistische Partei, deren Vertreter als Rassisten nicht das Recht haben, von mir bedient zu werden. Denn auch Gastronomen sollten eine moralische Verantwortung übernehmen, Kante zeigen und sich klar und unmissverständlich positionieren. Wir sind keine meinungs- und willenlosen Geiseln und unterliegen auch keiner »Bedienpflicht für jedermann«. Rückgrat hört nicht am Eingang des Betriebes auf.

Nein, für Rassisten bleibt die Küche kalt.

***

Folgendes hängt jetzt bei uns im Eingang:

»Mike ist halber Engländer,
Samuel kommt aus Ghana,
Serivu kommt aus Gambia,
Ahmed kommt aus Syrien,
Krzysztof kommt aus Polen,
Fati ist halber Türke und halber Deutscher,
Constantin kommt aus Österreich,
Olli hat ostpreußische und schwedische Wurzeln,
aber Bibi, Bibi ist deutsch. Dafür aber lesbisch.

Wenn dir beim Lesen der Angstschweiß wegen einem Gefühl von Überfremdung, Multikulti oder Volkszersetzung über die Stirn rinnt, gehst du am besten gleich woanders essen. Denn wir sind perfekt unperfekt und das dürfen unsere Gäste auch sein. Nur eines bitte nicht: Rassisten!«

***

War ein älterer Mann mit Hund zu Gast. Da noch nichts los war im Laden, kamen wir ins Gespräch. Irgendwann, aus dem Kontext, sagte der Mann: »Wissen Sie, ich bin ja wirklich nicht rassistisch, aber schade ist es schon, dass die deutsche Kultur immer mehr verwischt. Heute hat ja fast jeder einen Migrationshintergrund und das, was wir mal an Kultur hatten, wird immer mehr verdrängt ...«

Er redete weiter und ich sah auf seinen Hund. Irgendwann fragte ich ihn: »Ihr Hund ist ja ein Süßer. Ist der reinrassig?«

Der Mann: »Der? Nein, da steckt alles Mögliche drinne. Eine richtige Promenadenmischung. Vor allem Dackel und Terrier, was man immer wieder merkt.«

Ich: »Also vereint er die besten Eigenschaften aus verschiedenen Rassen?«

Mann: »Ja, genau.«

Ich: »Sehen Sie? Und so ist es bei den Menschen auch!«

Der Mann sah mich schweigend an und sagte dann: »Oh ... meine Güte, so habe ich das ja noch nie betrachtet ... Ich muss wohl mal meine Denkweise überdenken.«

***

Ausnahmezustand in Hamburg. Während mindestens 30.000 Menschen gegen den Klimawandel auf die Straße gehen, echauffiert sich ein Gast: »Man kommt ja wegen den vielen Demos in der Stadt nicht mehr voran. Dabei ist längst erwiesen, dass der Klimawandel evolutionell und nicht von Menschenhand gemacht ist. Klimawandel gab es schon immer. Und dass nur Kinder und Jugendliche demonstrieren, beweist doch, dass die sich leicht beeinflussen lassen: Von den links-grün-versifften Altparteien, die das Schule schwänzen auch noch fördern. Auch daran erkennt man die Verdummung einer ganzen Generation. Oder wie sehen Sie das?«

Ich: »Ich bin so todes-links-grün-ultraversifft, das glauben Sie nicht.«

Gast: »Ach, Sie finden die Demos gut?«

Ich: »Ja.«

Gast: »Dann brauche ich ja nicht mehr wiederzukommen.«

Ich: »Also da sind wir aber einer Meinung.«

Das tut so weh!

***

Ein Gast zu Ahmed: »Ich brauche eine Weinempfehlung. Können Sie einen Kollegen schicken?«

Ahmed: »Etwas empfehlen kann ich Ihnen auch.«

Gast: »Ja? Ich dachte, Sie sind Moslem und wissen nicht, wie Wein schmeckt.«

Ahmed: »Ach sooo ... nee, ich lag zu lange in der Sonne und habe die Sonnenmilch mit dem Selbstbräuner verwechselt.«

Als der Gast später nach der Rechnung verlangte, legte Ahmed sie der Frau des Gastes vor. Der Mann nahm sie und sagte: »Also, die Rechnung zahle ich.«

Darauf Ahmed: »Ach so? Ich dachte, Ihre Frau zahlt die Rechnung?«

Gast: »Nee, wieso?«

Ahmed: »Weil Sie so aussehen, also könnten Sie das nicht bezahlen.«

Alter, wir mussten alle ins Kühlhaus!

***

Es ist wieder mal soweit ...

Sonnabendmittag. Wedder so la la, aber warm. Drinnen und draußen so voll wie in einer japanischen S-Bahn. Es dauert ... alles dauert, sowohl das Essen als auch die Getränke. Und dann motzte auch noch so ein Idiot, welcher sich wie folgt bei mir beschwerte: »Sie müssen mal Ihr Personal besser schulen. Mag ja sein, dass Flüchtlinge billiger sind als Deutsche. Aber deutsches Personal ist einen Zacken schneller, dass merken wir immer wieder. Nicht, dass ich was gegen Ausländer habe, aber das deutsche Personal muss die mal mehr unterrichten und denen zeigen, wie man hier arbeitet.«

Und ich so zu Ahmed gerichtet, der etwas weiter entfernt am Tresen stand: »Ey, Ahmed, du sollst mir mal zeigen, wie ein Deutscher jemanden rauswirft.«

Und Ahmed: »Zieh ihm die braunen Stiefel aus, wirf die aus dem Fenster, dann springt der nach.«

Wir hatten wieder einen Spaß!

***

Gastronomie als Spiegel der Gesellschaft

Schon Napoleon sagte: »Jeder Diener ist ein Diplomat.« Damit meinte er, was wir Kellner an Gesprächen mitbekommen, kann amüsant, aufklärend, egal oder auch verstörend sein. Gäste scheinen zuweilen auszublenden, dass wir ALLES hören und ALLES sehen. Oft merken sie es nicht oder es ist ihnen egal.

So auch als sich zwei Paare am Tisch über den Mord in Frankfurt folgendermaßen unterhielten:

Person 1: »Jetzt steht man am besten mit dem Rücken an der Wand, bevor man auf die Gleise geschubst wird.«

Gast 2: »Zumindest wenn ein Afrikaner in der Nähe steht.«

Gast 3: »Ja, Afrikaner schubsen und Araber schießen.«

Gast 1: »Jetzt kannst du nicht mal mehr Bahn fahren.«

Gast 4: »Wo kam der her?«

Gast 2: »Aus Afrika.«

Gast 4: »Und woher genau.«

Gast 1: »Aus Afrika.«

Gast 3: »Ich fahre nur noch mit dem Auto. Die haben zum Glück keinen Führerschein, sonst würden die einen noch von der Autobahn stoßen.«

Gast 2: »Also wir haben einen sehr netten Afrikaner als Nachbarn.«

Gast 1: »War der aus Frankfurt bestimmt auch, bevor er Gottes Plan umsetzte. Vielleicht war das ja seine Familie.«

Gast 3: »Wir sind alle nicht mehr sicher, bald ist es nur noch so!«

So ging es munter weiter. Kein Wort über die Opfer. Keine Betroffenheit, nur Angst vor dem unbekannten schwarzen Mann, Verschwörungstheorien, Untergangsstimmung. Während die ohnehin nicht vor solchen Taten schützende Sicherheit der Bahnhöfe diskutiert wird, sollte man lieber Angst vor der Gesellschaft haben und sich fragen, wohin wir eigentlich wollen?

Ich fand es erschreckend!

***

Wer hat Schuld, dass es in der Gastro nicht läuft? Die Flüchtlinge!

So analysierte es ein Gast folgendermaßen:

»Ich gehe sehr oft essen und verbringe viel Zeit in Hotels überall in Deutschland und da ist mir aufgefallen, dass nur noch Ausländer in der Gastronomie arbeiten. Dagegen habe ich nichts, aber die Fehlerquote steigt. Oft können die kein Deutsch und machen deswegen alles falsch. Der Fachkräftemangel, von dem ich gelesen habe, kommt doch daher, dass die Fachkräftestellen falsch besetzt sind. Also bekommen wirkliche Fachkräfte keinen Arbeitsplatz. Ich kann Ihnen auch sagen, woran das liegt, nämlich daran, dass dem Staat der Unterhalt von denen zu teuer ist und sie in die Branchen gesteckt werden, in denen man nicht viel können muss. Die ausländischen Unternehmen sparen gut daran. Integration ist ja schön und gut, aber nicht an den falschen Stellen.«

Ich: »À propros, falsche Stelle. Sie sind hier leider auch verkehrt, aber wenn Sie der Straße folgen, kommen Sie nach knapp 6 km beim Gasthaus Zum braunen Tölpel an. Die haben urdeutsches Personal.«

***

»Sie sind ja die Hitze gewöhnt«

Ich schiebe mit Ahmed Dienst auf der Terrorasse. Wir hatten laue 34 Grad und dennoch war das Freigehege voll. Während ich einen Tisch abräumte, bekam ich folgenden Dialog zwischen Ahmed und seinen Gästen mit:

Gast: »Sie haben es gut mit Ihrer Afrikanerbräune, für uns Deutsche ist das nichts.«

Ahmed: »Hä? Ich mag die Hitze auch nicht, bei uns zuhause kennt man das nicht.«

Gast: »Kommen Sie aus den Bergen? Lassen Sie mich raten: Afghanistan. Da herrscht ja auch ein ›Bomben‹-Wetter.«

Ahmed grinsend: »Ich bin kein Afghane.«

Gast: »Dann sind Sie ein Syrer. Bei den Temperaturen fühlen Sie sich sicher wie zuhause.«

Ahmed: »Syrien? Fast! Ich komme aus Hannover, aber letztes Jahr haben wir meine Verwandte in Ostpreußen besucht. Das war so heiß, ich bin braun bis zum nächsten Einmarsch.«

Gast irritiert: » ... Hannover?«

Ahmed: »Ja, eine Provinz in Nordgermanien. So, ich muss eben rein, mein Bier wird warm.«

Gast: »Ich dachte, Sie sind ein Flüchtling.«

Ahmed: »Ja, ich flüchte mal ins Kühlhaus!«

Wir zwei tranken ein Bier ... im Kühlhaus!

***

Letztens ruft mich ein Gast zu sich und sagt: »Ich habe eben bei Ihrem Kollegen (Ahmed) etwas bestellt, können Sie mal überprüfen, ob der das verstanden hat?«

Ich: »Könne sage nochmal?«

Gast guckt mich entgeistert an: »Können Sie gucken, ob Ihr Kollege meine Bestellung auch richtig verstanden hat?! Das weiß man ja bei den Flüchtis nie.«

Ich: »Was? Spreche nix Deusche gut Sprache.«

In dem Moment kommt Ahmed zu mir und sagt zum Gast: »Verzeihen Sie, aber der Kollege ist erst seit 38 Jahren in Deutschland und weißt äußerst defizitäre Sprachkenntnisse auf. Schlimm, was? Aber Sie können beruhigt sein, ich habe Ihre Bestellung bis auf ein paar nicht korrekte, umgangssprachliche Fehler Ihrerseits verstanden.«

Der Blick des Gastes? So muss jemand gucken, der den Glauben an die Menschheit verloren hat, aber wir haben uns köstlich amüsiert!

***

Ich liebe ja Menschen, die Zusammenhänge ganzheitlich sehen und nach diesen korrekte Schlüsse ziehen.

Gast: »Bieten Sie Spargel an?«

Ich: »Ja.«

Gast: »Ist der dann bei Ihnen auch so teuer?«

Ich: »Definieren Sie teuer.«

Gast: »Also, seitdem die Polen in der EU sind und mehr Geld verdienen, ist der Spargel so teuer. Die werden doch auch nach deutschen Maßstäben bezahlt. Würde man die aber nach polnischen Maßstäben bezahlen, wäre auch der Spargel billiger. Und jetzt will keiner mehr Spargel ernten, weil die Polen überall gleich gut verdienen und die Arbeit auf dem Feld nicht mehr machen wollen.«

Ich: »Soll ein Spargelbauer seine Erntehelfer nach herkunftslandüblichem Lohnniveau bezahlen?«

Gast: »Ja, jemand aus Polen oder Afrika braucht doch nicht viel Geld. Das schicken die ja eh in die Heimat.«

Ich: » ... ähm ... ich muss eben ans Telefon.«

Als ich das Ahmed erzählt habe, ist ihm vor Lachen fast der Katenschinken aus dem Mund gefallen.

***

Und jetzt ganz frisch eben passiert: Was ist eigentlich Diskriminierung?

Ein Mann zu Ahmed: »Also Sie sind wirklich ein Paradebeispiel für integrierte Menschen und ich finde, wir müssen alle zusammenhalten und sollten niemanden diskriminieren, nur weil er eine andere Hautfarbe hat. Toleranz ist besonders in Deutschland wichtig.«

So ging das 'ne ganze Weile weiter. Dann kommt ein Stammgast rein. Er ist stark übergewichtig. Sehr stark übergewichtig.

Als ich an der Kasse stehe, um seine Bestellung (er bestellt immer dasselbe) einzugeben, höre ich, wie der Mann, der eben noch Toleranz und ein Miteinander predigte und Ausgrenzung und Rassismus verteufelte, zu seiner Frau sagt: »Guck mal unauffällig rüber. Der sollte lieber Sport machen, statt essen zu gehen, so fett wie der ist.«

Manchmal sollte man mal darüber nachdenken, was Diskriminierung alles sein kann ...

***

Sowas glaubt mir immer keiner, aber das passiert, wenn man in der Gastro arbeitet!

Wir haben seit einiger Zeit ein schwules Pärchen als Stammgäste. Die sind zwar schon ewig zusammen, aber benehmen sich manchmal wie frischverliebte Teenies. Jedenfalls sitzen die eng zusammen, halten Händchen und tauschen hier und da mal Küsse aus. Einem älteren Paar aber passt das nicht und der Mann beginnt, sich allmählich darüber zu echauffieren und seiner Frau zu erklären, dass Schwule gottlos und wider der Natur sind.

Da sagt der eine der schwulen Männer zu seinem Mann: »Bäh, guck mal, 'ne Hete und wohl auch noch verheiratet.«

Der andere: »Ja, wie gestern ist das denn, Darling, womöglich auch noch monogam?«

Der andere: »Igitt, benutzt doch nicht so schlimme Wörter. Wer will denn sein Leben lang dieselbe Kuh melken?«

Der andere: »Eben, Süße! Aber in dem Alter ist man eben etwas retro.«

Ich kam mit Ahmed um die Ecke und wir beide machten auf hardcore schwul.

Ich zu Ahmed: »Guck mal, Süße, die beiden Tratschtanten tuscheln wieder.«

Darauf Ahmed: »PROSECCO, CHINN, CHINN!«

***

Die Liebesserie ist leider gerissen.

Ich stehe an der Kasse, welche etwas versteckt zu den Tischen steht, was mir die Möglichkeit gibt, immer mal zu lauschen. Es ist mäßig gefüllt. Ein lesbisches Pärchen (Stammgäste seit einiger Zeit) tauscht flüchtige Zärtlichkeiten aus, wie es bei verliebten Paaren normal ist. An einem entfernten, aber der Kasse nahen Tisch sitzt ein Paar und scheint das lesbische Pärchen zu beobachten. Irgendwann sagt die Frau: »Ey, muss das sein?«

Der Mann: »Was denn?«

Die Frau: »Die beiden Weiber da.«

Der Mann: »Die Lesbos? Ja, übel.«

Die Frau: »Erst fangen schwule Männer an und machen diese Sauerei zum Trend, jetzt fangen Frauen auch noch an.«

Der Mann: »Das ist eben modern.«

Die Frau: »Die wollen bestimmt auch noch heiraten. Dürfen die das eigentlich?«

Der Mann: »Dürfen doch eigentlich nur Männer, oder? Also Lesben-Hochzeit kenne ich nicht.«

Die Frau: »Weil's verboten ist. Wegen unsittlich und so.«

Der Mann: »Aber es gibt doch die Homoehe.«

Die Frau: »Aber nur für Männer, nicht für Frauen.«

Ahmed und ich hörten kichernd zu und dann gingen wir händchenhaltend an den Tisch und Ahmed sagte: »Genau, Lesben dürfen nicht heiraten, deswegen bin ich jetzt ein Mann. Und die Olli auch.«

Die haben so geglotzt, als würde plötzlich ein Ufo auftauchen ... ein schwules Ufo!

***

Ich sollte den Gullideckel vor dem Laden mal zuschweißen, da kommen wohl manche »Gäste« raus

Gast: »Sehr schöne, deutsche Speisekarte*, endlich mal deutsches Essen für deutsche Gäste.«

Ich: »Ähm ... wir legen Wert auf regionale und saisonale Produkte ...«

Gast: »Sehr gut, endlich mal ein Restorang, wo es nicht nur Döner und Hamburger** gibt. Wir müssen viel mehr deutsche Sachen essen. Aber das macht die Lebensmittelindustrie, die uns immer ausländisches Essen unterjubeln will, damit wir toleranter werden. Ich habe sogar gehört, dass sie Chemie in die Rohstoffe geben, die unser Bewusstsein verändern***. Aber da muss ich mir hier ja keine Sorgen machen, weil alles deutsch gekauft und deutsch gekocht wird.«

Ich: »Ja … Sie haben das ja deutschlich … ähm, ich meinte deutlich formuliert.«

Gast: »Ja, ich informiere mich ja auch richtig. Aber jetzt würde ich gerne bestellen.«

Ich: »Das übernimmt mein deutscher Kollege. AHMED? Kannst du mal die deutsche Bestellung aufnehmen bitte?«

Ahmed: »Jawohl, mein Führer.«

Wir konnten nicht mehr vor Lachen. Als wir uns wieder gefangen hatten, war der Gast plötzlich weg.

*Die Speisekarten kommen aus Taiwan

** Ich bin selber Hamburger, auch wenn ich die gerne esse

*** Chemtrails waren gestern, jetzt gibt es Chemfood

Manchmal peinlich, manchmal witzig

Oh man, wie geil!

Es war bumsvoll, als ein etwas älterer Mann auf seinem Tablet rumhackte. An der Art und Weise wie er das tat, war zu erkennen, dass er mit dem Umgang seines Gerätes wenig geübt war. Irgendwann fragte er mich nach dem WLAN-Passwort, konnte es aber nicht eingeben, also half ich ihm und machte mich sodann zurück an die Arbeit.

Plötzlich ertönte lautes Gestöhne. Ich wandte mich reflexartig der Quelle des Geräusches zu und sah, wie der Mann verzweifelt versuchte, das Gestöhne zu beenden, und anfing zu fluchen: »So ein Mist ...!!!« Er schaffte es nicht und steckte das Tablet kurzerhand in seine Tasche, aus welcher ganz schwach und dumpf das Stöhnen herausebbte.

Er hatte sich wohl einen Porno runtergeladen. Ein Katzenvideo wäre aber weniger peinlich gewesen.

***

Selbstironie ist immer das Beste

Als ich einen Gast auf den heranrückenden Sturm hinwies, sagte er: »Danke, das ist nett, aber ich bin viel zu fett, um weggeweht zu werden, und außerdem bin ich so rund, dass ich aerodynamisch gebaut bin. Quasi der fette Fels in der Brandung.«

Ich musste so lachen!

***

Vor Kurzem rief ein Gast an und wollte einen Tisch reservieren. Nachdem ich alles ins System gehackt hatte, fragte er: »Wir kommen mit dem Auto, haben Sie eine Tiefgarage?«

Ich: »Nein, es gibt aber Parkplätze vor dem Restorang.«

Gast: »Können Sie uns einen freihalten?«

Ich: »Nein, das geht leider nicht.«

Gast: »Wie viele Parkplätze haben Sie denn?«

Ich: »Vier.«

Gast: »Und sonst kann man nirgends parken?«

Ich: »Naja ... der Rest ist totales oder eingeschränktes Halteverbot, sonst gehen nur die freien Parkplätze ein paar Straßen weiter.«

Gast: »Nee, das ist uns zu weit zum Laufen!«

Ich: »Von wo kommen Sie denn?«

Gast: »Wir kommen von Winterhude.«

Ich: »Fahren Sie doch mit den Öffis! Das ist doch bequemer.«

Gast: »In Zeiten von Corona?! Nein, das ist uns zu gefährlich! Und meine Frau ist sehr wetterfühlig, die kann bei den Witterungsbedingungen nicht raus. Haben Sie Behindertenparkplätze?«

Ich: »Ja, haben Sie denn einen Ausweis?«

Gast: »Nein ... Ach wissen Sie was? Ich möchte die Reservierung wieder stornieren.«

Ja ... tschüss denn!

***

Ein gellender, einem durchs Mark gehender Schrei zerschnitt die vorherige Ruhe und den Frieden. Als ich nicht lange nachdenkend und voller Sorge von der Küche in den Gastraum stürmte, sah ich eine Gästin gerade noch, wie sie mit ihrem Suppenlöffel auf die Wand einschlug, ehe sie ihn fallen ließ und aufsprang!

»Was los?!«, fragte ich. Verängstigt sagte die Gästin: »Da … da war eine gigantische Spinne.«

Ich ging zur Wand und sah auf dem Boden eine etwa 5-Cent-Stück große Spinne. Sie schien das Löffelattentat unbeschadet überstanden zu haben und krabbelte cool hinter die Savante.

»Tja … sie ist tot!«, sagte ich zu der Dame gewandt.

Gästin: »Das Monster hätte mich fast gebissen!«

Darauf entgegnete ich trocken: »Dann wären Sie Spider Woman geworden, schade eigentlich.«

***

Sagt ein Kollege zum anderen: »Ich bin wie ein Schwerlastzug: Meine Power entfaltet sich erst dann, wenn es schwer und kompliziert wird.«

Im Vorbeigehen sagt Bibi nur: »Und genauso langsam bist du auch!!!«

PAU

***

Einen Tag klingelte das Telefon in einer Tour. Nicht dann, wenn nichts los ist, nein! Dann wenn die Hütte brechend voll ist! Ich stand also am Tisch und hörte diesen penetrant bettelnden Klingelton. Es hörte nicht auf! Vermutlich wollte ein Gast anrufen, der es gewohnt war, eine Stunde in der Warteschleife zu hängen. Solche Anrufer sehen das als Herausforderung, nach dem Motto: »Wer verliert zuerst die Nerven?« Als ich Luft hatte, ging ich ran. Eine männliche Stimme dröhnte mir entgegen: »Ich versuche seit geraumer Zeit, Sie zu erreichen.«

Ich: »War gerade schlecht!«

Gast: »Finden Sie so ein Verhalten kundenorientiert?«

Ich: »Kundenorientiert ist, am Tisch zu stehen und die Bestellung aufzunehmen, statt zu sagen: ›Merken Sie sich, was Sie bestellen wollten, ich muss dringend ans Telefon!‹«

Gast: »Mit der Einstellung könnten Sie glatt bei der Deutschen Bahn anfangen!«

Ich: »Coole Idee, da verdient man auch mehr. Abfahrt!«

Und legte auf.

***

Das war der schlimmste aller Gaue ... Kein Supergau, eher ein Gigagau!

Ein Gast plante, seiner Freundin einen Heiratsantrag zu machen. Aufgeregt wie er war, wollte er alles minutiös durchgeplant haben, was wir auch taten. Der Abend kam, alles war vorbereitet. Es sollte unscheinbar und unverdächtig ablaufen.

Gegen 20 Uhr war es dann soweit. Ein eigens engagierter Geiger wimmerte romantische Lieder, wir reichten dem Gast den kühlhauskalten Strauß Rosen, er kramte ein Etui mit 'nem Klunker hervor, ging auf die Knie und spulte seinen gut einstudierten Antrag ab.

Als er fertig war, hätte man eine Stricknadel fallen hören können, alle warteten auf die Antwort der Verlobten. Sie stand nur da, mehrere Minuten, starr vor Überraschung und unfähig eines Wortes. Dann nahm sie ruhig und ohne jede Hektik ihre Sachen und ging. Es war noch stiller! Eine Stille, so ungemütlich und unerbittlich, wie es nur sein kann. Verwirrt erhob sich der Gast. Unsicherheit umgab ihn und er wusste nicht, wohin mit sich. Am besten Boden auf und ab nach China.

Es vergingen 20, dann 30 und 40 Minuten, aber die Freundin kam nicht wieder. Der Gast ging.

Das war mieser als in jeder drittklassigen 50er-Jahre-Hollywoodklamotte!

***

Back to the roots

Letztens bestellte sich ein Gast eine Scholle. Als ich sie ihm servierte, fing er wie folgt an zu essen:

- Er tranchierte den ganzen Fisch (ja, mit Gräten!!!) in etwa gleich große Stücke.

- Dann nahm er sie in die Hand, schob sich die Stücke in den Mund und kaute geräuschvoll darauf herum. Es knirschte und knackte.

- Einzeln puhlte er sich die Gräten aus dem Mund und sammelte alles feinsäuberlich auf dem Teller.

- Am Ende wischte er sich den Mund mit dem Ärmel ab.

- Niemand wollte am Ende das Bargeld entgegennehmen. Ich tat es. Der Schein roch lecker nach Scholle.

- Ich spülte den Schein ab.

So müssen meine ostpreußischen Vorfahren in der Steinzeit auch Scholle gegessen haben!

***

Neulich kam ein Pärchen ins Restorang. Nette Menschen, er Business-Style, sie büsschen sehr aufgetakelt, aber eben auch sehr nett. Sie wirkten wie frisch verliebt, turtelten rum, hielten Händchen, über ihren Köpfen schwebten Geigen und Herzchen und regenbogenkotzende Einhörnchen.

Als ich dann die Garderobe aufräumte, kam der Mann, ging (ohne mich sehen zu können) in eine Ecke und sprach ins Telefon: » ... Ja, Schatz, ich bin noch im Meeting für die Budgetierung ... Ja ... Ja, ich beeile mich ... Ja, natürlich, mein Schatz ... Ok ... Love.«

Er legte auf, sah mich dann, zuckte mit den Schultern und ging wieder zu seiner ... keine Ahnung, was auch immer ...

***

Einmal rief ein Gast an und fragte: »Ich war am 11.11. bei Ihnen essen und habe auf der Toilette mein Gebiss vergessen. Wurde das bei Ihnen abgegeben?«

Ich überlegte kurz und sah auf den Kalender ... 11.11. und heute ist der 10.01.20 ... Meinen Versuch einer analytischen Begründung gab ich zwei Sekunden später wieder auf und antwortete: »Nein, das wurde nicht abgegeben.«

Darauf der Gast: »Also, was Menschen so alles mitnehmen ...«

Darauf ich: »Naja ... Zähne kann man wohl immer gebrauchen.«

Zwei Fragen stellte ich mir für den Rest des Tages:

1. Wieso vergisst man auf der Restorang-Toilette sein Gebiss?

2. Wer klaut das dann und vor allem WIESO?

***

Der gastronomische Taschentrick oder: Mein Tipp des Tages

Jedes Mal, wenn ein Gast mit einem Schein bezahlt, behalte ich ihn so lange in der Hand, bis der Gast sein Wechselgeld checkt und zufrieden ist. ERST DANN stecke ich den Schein ins Portmonee.

So wie letztens: Ein Gast zahlt mit einem Zehner. Zum Glück war es noch früh am Tage. Als ich ihm sein Wechselgeld auszahlte, sagte er: »Ich habe Ihnen einen 50er gegeben.«

Ich: »Nein, Sie gaben mir diesen 10er.«

Gast: »Nein, ich bin mir sicher, Ihnen einen 50er gegeben zu haben.«

Ich zeigte ihm mein noch fast leeres Portmonee, in welchem kein 50er steckte.

Gast: »Haben Sie den 50er irgendwie in die Tasche gesteckt?«

Ich: »Nein, wie denn auch? Sie haben mir DIESEN 10er gegeben!«

Gast: »Ich bin mir aber so sicher, dass ich noch einen 50er in der Tasche hatte. Das kann doch nicht sein!?«

Ich: »Wird aber so sein!«

Verwirrt ging der Gast.

Wenige Tage später klingelte dann das Telefon: Es war der Gast, der sich entschuldigte und erklärte, dass seine Frau, ohne was zu sagen, den 50er zum Einkaufen rausgenommen hatte.

***

Ich liebe Azubis!

Sagt unser Küchenchef zum Azubi: »Sautiere mal bitte das Gemüse.«

Hat er auch gemacht. Feinsäuberlich das Gemüse sortiert. Sorte für Sorte.

Der Blick des Küchenchefs war Bombe! Ab ins Kühlhaus.

***

Es klingelte das Telefon. Nachdem ich abhob und unsere Standardbegrüßung abspulte, fragte der Anrufer: »Guten Tag, ich habe eine Frage. Wenn ich von Hamburg nach Köln fahren will, ist es dann billiger, wenn ich vorher eine BahnCard beantrage?«

Ich: »Keine Ahnung.«

Stimme am Telefon: » ... Wieso? Sie müssen es doch wissen.«

Ich: »Nein, es sei denn, ich würde bei der Bahn arbeiten.«

Stimme am Telefon: »Oh, bin ich gar nicht bei der Bahn?«

Ich: »Nein, Sie haben sich verwählt.«

Stimme aus dem Telefon: »Aber die Nummer habe ich aus dem Internet.«

Ich: »Ja, ist aber falsch.«

Stimme aus dem Telefon: »Und welche Nummer habe ich jetzt gewählt?«

Ich: »Unsere.«

Stimme aus dem Telefon: »Können Sie mir die Nummer von der Bahn geben?«

Ich: »Nee, da gucken Sie nochmal nach.«

Stimme aus dem Telefon: »Naja ... Also ich habe die Nummer aus dem Internet, aber ich gucke nochmal.«

Wir verabschiedeten uns.

2 Minuten später klingelte es erneut. Ich hob ab und spulte wieder unsere Standardbegrüßung runter. Da meldete sich dieselbe Stimme und wollte Informationen. Ich wieder darauf hingewiesen, dass sie sich verwählt habe. Die Stimme wurde genervter und pöbelte rum, ob ich sie verarschen wolle. Nebenbei prägte ich mir die Nummer ein. Nachdem ich auflegte, versuchte es die Person nochmal. Ich hob nicht ab.

Manche Menschen sind echt panne!

***

Verkehrte Welt

Da sitzen zwei Gästinnen im Restorang und unterhalten sich. Angeregt aber nicht laut. Daneben sitzen zwei Geschäftsleute, die mit Ihren Handys am Malochen sind. Irgendwann wendet sich einer der Anzug-Boy-Bonzis zu den Gästinnen und sagt: »Können Sie sich vielleicht etwas leiser unterhalten? Wir wollen hier arbeiten.«

Darauf die eine Gästin: »Ach wirklich? Ist das hier Ihr Büro, oder was? Und das kann jetzt nicht wirklich Ihr Ernst sein, Unterhaltungen zu verbieten, damit sich Menschen am Handy nicht gestört fühlen?«

Der Gast sah mich an, woraufhin ich sagte: »Ja, sorry. Aber die Dame hat recht. Kann sein, dass wir hart altmodisch sind, aber hier unterhält man sich noch überwiegend.«

***

Da hilft man doch gerne

Eine Gruppe von acht Männern saß im Restorang. Schon an den Gesprächen merkte ich schnell: Das sind Eheflüchtlinge. Als der »Leitwolf« der Gruppe am Ende bezahlte, sagte er: »Du hast es ja mitbekommen. Es ist so: Offiziell sind wir eine Skatgruppe. Wir treffen uns einmal die Woche. Unsere Frauen wollen die Welt verbessern, sind vegan und lehnen alles ab, was uns Spaß macht. Also rauchen, saufen, CO2. Unsere Frauen sind in einer Frauengruppe und so haben wir Männer uns kennengelernt und eine Anti-Frauen-Weltverbesserer-Gruppe gegründet. Zuhause müssen wir immer so viele Kompromisse eingehen, dass wir einmal in der Woche richtig durchdrehen müssen. Wir wollen ja die Umwelt auch nicht verpesten, aber büsschen Spaß am Leben muss man doch haben, oder? Wenn dat unsere Frauen wüssten, wäre richtig Bambule.«

Ich gab noch 'ne Runde Bier aus. Man hilft ja, wo man kann.

***

Wenn zwei Gäste sich über den bestellten Pulled Pork Burger unterhalten

Gast 1: »Das ist doch Gans, oder? Aber lecker.«

Gast 2: »Nee, Rind. Das erkennt man an den Fasern. Ganz klar Rind.«

Ich: »Schmeckt Ihnen der PORK Burger?«

Beide nicken.

***

Wenn ein Restorangbesuch zur Ehekrise führt

Ok, es war bumsvoll im Puff und wir hatten echt zu tun. Da winkt mich ein Pärchen zum Tisch, um die Bestellung aufzugeben. Der Mann sagt zu seiner Frau: »Du hast doch noch gar nichts ausgesucht.«

Die Frau: »Aber jetzt, wo der Kellner hier ist, suche ich schnell was aus.«

Mann: »Was willst du denn trinken?«

Frau: »Mensch, das weiß ich doch noch nicht, ich muss erst gucken, was ich esse.«

Mann: »Der Kellner hat sicher noch mehr Gäste zu bedienen.«

Frau: »Sag mal, willst du mich stressen oder was?«

Mann: »Ich finde es dämlich, den Kellner zu holen und sich dann was zum Essen auszusuchen.«

Frau: »Du wolltest doch Essen gehen, also nerv mich doch nicht ab, ey!«

Ich guckte gebannt wie bei einem Tennisspiel von links nach rechts.

Mann: »Du bist so peinlich, jedes Mal dasselbe Theater.«

Frau: »Weil du Schlauchboot eh immer dasselbe frisst, also lass mich endlich in Ruhe.«

Mann: »Das hätte ich längst tun sollen.«

Frau: »Ach ja? Was soll das denn heißen?«

Mann: »Nenne mich nicht immer Schlauchboot.«

Frau: »Du siehst doch schon fast wie eines aus.«

Mann: »Ey, du bist so ein Mongo, was soll der Scheiß jetzt?«

Die beiden waren bereits die Attraktion und ich stand weiterhin nur da.

Frau: »Ich habe gesagt, du sollst den Mund halten. Ich will mir endlich was von der Karte aussuchen.«

Mann: »Suche dir lieber mal ein neuen Mann.«

Sie stand auf und schrie ihm ins Gesicht: »DAS MACHE ICH AUCH, DU BLÖDER OSSI!«

Sie stürmte raus und der Mann?

Der bestellte sich erstmal ein Bier.

***

Gastronomisches Ballspielen

Wir haben da so einen Gast. Immer wenn er kommt, dissen wir uns gegenseitig. Das ist immer Spaß und nie ernst, aber es ist so lustig zu beobachten, wie andere Gäste darauf reagieren.

Letztens kam er, setzte sich an den Tisch und sagte zu mir: »Ich will mal wieder richtig schlecht essen, da bin ich bei euch genau richtig.«

Ich: »Für Reste-Gäste haben wir immer noch was aus der Schweinetonne.«

Gast: »Kann ich was bestellen?«

Ich: »Nein, du bestellst dann, wenn ich Zeit habe.«

Gast: »Ich nehme ein Bier. Wann war der Zapfenreiniger zuletzt da?«

Ich: »Irgendwann nach dem Gesundheitsamt.«

Gast: »Dann ist es ja naturtrüb, wenn du faules Luder deinen Fettarsch in Wallung bringen kannst, kannst du mir eines bringen.«

Ich: »Gerne. Dann nimm aber deine Plauze vom Tisch, sonst stelle ich das Bier darauf.«

Gelächter an den Nebentischen.

Bei der Essensbestellung fragt der Gast: »Habt ihr noch Schnitzel? Mehr bekommt ihr ja eh nicht hin.«

Ich: »Klar, letztens ist eines hinter die Fritte gerutscht, das pulen wir gleich mal raus, das merkst du eh nicht.«

So geht es die ganze Zeit und lockert die Stimmung immens auf. Die anderen Gäste merken auf Grund unseres Gegrinses, dass alles nur Spaß ist.

Solche Gäste sind Gold wert!

***

»Hygieneartikel«

Wir haben einen Button in der Kasse mit »Hygieneartikel und Restaurantbedarf« ausgewiesen.

Das wundert vor allem Gäste, die dann einen Betrag auf der Rechnung haben, weil sie nicht wussten, dass das Mitnehmen von Artikeln wie Hygieneprodukten, Menagen, Besteck oder Gläsern durchaus beobachtet und entsprechend berechnet wird.

Probiert das mal aus, es ist wirklich witzig!

***

15 Minuten vor Schließung kommt ein Gast und will noch was trinken. Ich sage ihm, dass wir in 15 Minuten schließen, daraufhin verspricht er, bis zum Ende fertig zu sein, und bestellt einen halben Liter Bier. Den zog er in einem weg und bestellte noch einen. Auch den atmete er durch die Kiemen, dann den dritten und den vierten, zahlte, bedankte sich und ging.

Alter, mein Held des Tages! Zwei Liter Bier in knapp 15 Minuten, geil!

***

Auszug aus einer Onlinereservierung: »[...] da wir unbedingt in der Terrasse sitzen wollen, bitten wir Sie uns zeitnah (ca. 1 Stunde vor Ankunft bei Ihnen) mitzuteilen, wie das Wetter wird. Sollte es regnen oder windig-kühl sein, kommen wir, wenn es besser wird [...]«

Genau! Ich stelle einen Azubi mit der Wetter-App auf das Dach, damit er das Wetter und das Klima beobachtet ... der Kunde ist König!!!

***

Wie geil! Vor unserem Laden ist ein Parkstreifen. Es war ein Parkplatz frei, so ca. sechs Meter Platz. Da fährt ein Opel Astra vor, blinkt, setzt zurück und versucht, in die Lücke zu kommen, schafft es nicht und fährt weiter.

2 Minuten später derselbe Opel nach einer Ehrenrunde auf Parkplatzsuche wieder an derselben Lücke.

Versuch Nummer 2: Fährt nochmal raus, setzt zurück, schlägt zu viel ein, kommt gegen den Kantstein, setzt wieder vor.

Versuch Nummer 3: Fährt wieder raus, setzt zurück, schlägt zu wenig ein und steht halb auf der Straße.

Sechs Meter hat die Lücke, da passt ein LKW rein!

Versuch Nummer 4: Setzt zurück, um vorwärts einzuparken. Vorwärts einparken ist eine schlechte Idee.

Versuch Nummer 5: Für die Gäste ist das bereits ein tolles Schauspiel und die Fahrerin der Star. Also wieder vorfahren, zurücksetzen, Wagen säuft ab.

Versuch Nummer 6: Nochmal absaufen lassen, Fahrerin nervös. Jetzt im absoluten Schneckentempo zurücksetzen, auf das Gaspedal gekommen und einen Satz nach hinten und zack: Sie ist drinnen. Dann noch dreimal vor und zurück und der Motor geht aus. Als sie aussteigt, klatschen Gäste

Applaus und jubeln. Die Fahrerin aber fand es gar nicht witzig und rief nur: »Ich bin Schaltgetriebe nicht gewöhnt!«

Ein Schaltgetriebe hat mit dem Einparken genauso wenig zu tun wie Schokolade mit einem Skalpell.

Wir aber hatten unseren Spaß!!!

***

Nachbarschaftshilfe mal anders

Kuddel ist obdachlos und lebt bei uns in der Gegend. Wir nennen ihn alle »Den Sheriff«, weil er im Viertel für Ordnung sorgt. Neulich meinte er zu mir: »Ich habe ein paar Gestalten von eurer Terrasse vertrieben, das Gesocks lungert mir hier zu viel rum.« Darauf gab's erstmal ein Bier und viel neuen Klatsch und Tratsch.

Dann musste Kuddel wieder los, weil ein paar Nachbarn ihren Müll neben und nicht in die Tonne warfen und Kuddel da erstmal ermitteln wollte.

***

Neulich eine Gästin, die extrem schwanger ist – also so extrem wie der Mondumfang! Bestellt folgendes: »Ich hätte gerne bitte eine große Schale geschnittener Tomaten und eine große Cola.«

Ok, manchmal ist der Kunde König, wenn er nett ist, also brachte ich ihr eine große Schale geschnittener Tomaten und eine große Cola, woraufhin die Gästin das Glas Cola in die Schale kippte und genüsslich das Tomaten-Cola-Gemisch verzehrte.

Ich stand da wie ein Idiot, aber das sind Momente, für die ich meinen Beruf liebe!

***

Wenn, dann aber richtig

Kam eine Gästin zu mir und sagte: »Auf der Damentoilette ist das Klopapier alle.«

Ich versprach, es aufzufüllen, und wunderte mich: »In allen Kabinen, das ganze Klopapier?«

Wenig später kam ein Kollege und sagte: »Gehe mal zu Tisch 5.«

Ich: »Wieso?«

Kollege: »Mach mal!«

Ich also zu Tisch 5 und sehe in einer Tasche, welche nicht richtig geschlossen wurde, Klopapierrollen.

Als die Gästin 20 Minuten später zahlen wollte und ich ihr die Rechnung vorlegte, wurde sie unsicher und etwas rot, zahlte und ging.

Ich hatte in Großbuchstaben »Sonderposten Klopapier à € 1,50« auf der Rechnung vermerkt.

***

Eistee

Gast: »Ich nehme ein Glas hausgemachten Eistee.«

Ich: »Gerne.«

Gast: »Haben Sie Pfirsich?«

Ich: »Nein, nur Zitrone.«

Gast: »Kann ich Pfirsich haben?«

Ich: »Nein, nur Zitrone.«

Gast: »Wieso geht denn Pfirsich nicht?«

Ich: »Weil ich keine Pfirsiche habe und bevor Sie jetzt fragen, ich kann auch keine besorgen.«

Gast: »Was ist denn das für Tee?«

Ich: »Assam.«

Gast: »Und was ist da noch drinne?«

Ich: »Zitrone, Limette, Zucker, Mineralwasser, etwas Minze.«

Gast: »Geht auch Darjeeling? Mir ist Assam immer zu kräftig und ich vertrage auch nicht so viel Koffein.«

Ich: »Der Eistee ist schon vorbereitet. Jetzt einen neuen à la minute zu machen dauert zu lange.«

Gast: »Na gut, dann nehme ich den eben. Aber bitte ohne Eis und lauwarm.«

Ich: »Möchten Sie dann ein Kännchen Darjeeling mit Zitrone und Limette? Zucker steht ja auf dem Tisch und Wasser bringe ich Ihnen auch.«

Gast: »Ah, zum Eistee selber mixen? Ja, bringen Sie mir das bitte.«

Eistee ... EISTEE!!!

***

Gast: »Was ist denn jetzt der Unterschied zwischen Milchkaffee, Cafe Latte und Café au lait?«

Ich: »Das ist alles dasselbe.«

Gast: »Aber es muss ja Unterschiede geben, wenn ein- und dasselbe Getränk mehrere Namen hat.«

Guuut, ich könnte jetzt darauf hinweisen, dass eine Bezeichnung deutsch, die andere französisch und wiederum die andere italienisch ist, aber wo bliebe da denn der Spaß? Deswegen hatte ich folgende, sehr plausible Erklärung am Start:

»Also: Beim Milchkaffee kommt ERST die Milch in die Tasse und DANN der Kaffee. Beim Cafe Latte kommt ERST der Kaffee in die Tasse und dann die Milch und beim Café au lait kommt beides GLEICHZEITIG in die Tasse.«

Gast: »Aha, also doch Unterschiede!«

Demnächst mache ich mal ein Foto von meiner Lachzeile im Kühlhaus.

***

Darum splitte ich keine Rechnungen mehr

15 Personen kommen zum Essen. Es ist ein Sonnabendnachmittag. Sie bestellten viel, am Ende tranken die einen Kaffee und die anderen Schnäpse. Insgesamt ein guter Umsatz und echt nette Gäste. Als sie zahlen wollten, ging es los:

Gast 1: »Ich übernehme die Schnäpse.«

Gast 2: »Neenee, das mache ich.«

Gast 1: »Übernehme doch die Biere.«

Gast 2: »Ok, die Biere und den Kaffee.«

Gast 3: »Nee, den Kaffee übernehme ich.«

Gast 4: »Die können wir uns doch teilen.«

Als sie untereinander abmachten, wer was bezahlen wollte, wollten sie einzeln zahlen. Daraufhin sagte ich sehr freundlich: »Seien Sie mir bitte nicht böse, aber ich lege Ihnen die Gesamtrechnung vor und sie legen bitte zusammen. Ich habe so viele Gäste und kann jetzt nicht die Gesamtrechnung komplett zerhacken.«

Die hatten wirklich Verständnis dafür und sogar noch Spaß beim Geldhaufenbauen.

***

Wenn ich ein großes Bier verkaufen will, geht das manchmal nur über zwei Ecken

Gast: »Ich möchte ein Pils, bitte.«

Ich: »Möchten Sie ein Kleines oder lieber ein Großes?«

Gast: »Nee, lieber ein Kleines.«

Ich: »Ich kann Ihnen auch zwei Kleine bringen, wenn Ihnen ein Großes zu viel ist oder Ihnen zu schnell warm wird.«

Gast: » ... Ja ok, dann nehme ich zwei Kleine. Ich muss ja auch noch fahren.«

***

Ob das die Ehe aushält?

Ein Pärchen im Restorang. Er bestellt sich Kalbsschnitzel und sie Risotto. Da guckt sie ihn an und sagt: »Kalb?«

Er: » ... Ja?«

Sie: »Du weißt aber schon, dass das Kinderkühe sind?«

Er: »Ja?«

Sie: »Würdest du auch kleine Kätzchen oder Welpen essen?«

Er: »Ja?«

Sie erschrocken: »Was?!«

Er: »Wieso denn nicht? Sind auch bloß Tiere und sollen geil schmecken.«

Sie: »Bah, du bist echt so ein Hannibal Lecter, voll widerlich.«

Er: »Was los bei dir? Nur weil wir mit Hunden und Katzen schmusen, aber uns keine Kälber halten, ist es moralisch verwerflich, keine Katzen und Hunde zu essen? Das ist widersprüchlich in meinen Augen.«

Sie: »Gar nicht.«

Er: »Hamster schmecken auch.«

Sie: »Ich hasse dich!«

Das war bei uns das Gesprächsthema Nummer eins, wir haben sogar aus Spaß ein Hunde- und Katzenmenü geschrieben.

***

Verstrahltester Gast des Monats

Gast ruft an: »Ja … eh … moin. Ich möchte einen Tisch reservieren.«

Ich: »Gerne, für wann?«

Gast: »Ehm … keine Ahnung, muss ich eben meine Frau fragen. Ich rufe gleich zurück.«

2 Stunden später

Gast am Telefon: »Ja … moin. Ich haben eben gerade einen Tisch reservieren wollen für Sonntag. Ehm … also jetzt Sonntag … jetzt oder diese Woche eben.«

Ich: »Alles klar, um welche Uhrzeit?«

Gast: »Boah … weiß nicht, ich muss mal eben meine Frau fragen.«

Ich innerlich schon voll am Feiern.

Gast zu seiner Frau: » … Ja, ey, wann denn … hä? …«

Gast zu mir: »Egal wann … wann geht denn?«

Ich: »Egal wann.«

Gast zu seiner Frau: »Egal wann … ja … ey ok …«

Gast zu mir: »Ok … dann kommen wir einfach egal wann.«

Alter ich habe sooo gelacht. Und ich wette, der war bekifft!

***

Neulich ein Gast: »Sie müssen am Tag der Arbeit arbeiten?«

Ich: »Nee, es gibt eine neue Extremsportart: ›Extreme Restoranging‹, das ist mein Hobby!«

Gast: »Hahaha, sehr gut. Aber am Tag der Arbeit arbeiten ja auch nur die guten und wichtigen Menschen.«

Ich: »Deswegen haben Sie frei.«

Gast: »Nein, für mich arbeiten Leute, damit ich nicht arbeiten muss.«

Ich: »Weil andere es besser können als Sie?«

Gast: »Nein, weil ich einfach die dickeren Eier habe.«

Baaahaha, was für ein geiler Typ. Das war ein Spaß-Battle auf Augenhöhe mit einem Zwinkern. Wir mochten uns!

***

In unserer Karte steht, dass das Rinderfilet eine leicht karamellisierte Kruste hat. Da sagt ein Gast: »Rindfleisch mit Karamell, wie ekelig. Ich möchte es ohne Karamell.«

Ich: »Also, was da karamellisiert, ist der Zucker im Fleisch.«

Gast: »Ich sagte ja, ich will keinen Zucker, also lassen Sie ihn am besten einfach weg.«

Ich: »Das geht nicht, der Zucker ist im Fleisch. Ich kann Ihnen aber das Fleisch ohne Kruste braten lassen.«

Gast: »Zucker im Fleisch? Was soll der Müll? Ist das wieder so ein Trend aus Amerika?«

Ich: »Nein, der Zucker gelangt durch die Nahrungsaufnahme der Rinder ins Fleisch.«

Gast: »Werden die wie Pferde mit Zucker gefüttert?«

Ich: »Nein, der Zucker ist in den Pflanzen.«

Gast: »Also, völlig überzuckert der Boden?«

Ich: »Ja, er hat Diabetes!«

***

Die Klapse hat heute Ausgang!

Gestern kommt ein mit Koffern bepackter Gast an und sagt auf Englisch: »Guten Morgen, ich würde gerne frühstücken.«

Ich: »Wir habe abends kein Frühstück.«

Gast: »Was? Es ist sieben Uhr!«

Ich: »Ja, sieben Uhr abends.«

Gast: »Was? Ich dachte, in Deutschland ist es jetzt morgens!«

Ich: »Jetlag?«

Wir mussten beide sehr lachen!

***

Da saß ein Pärchen bei uns. Sie bestellte sich ein Thunfischsteak. Nachdem ich es servierte, ruft sie mich zu sich und fragt: »Was sind denn das für schwarze Linien auf dem Fisch?«

Ich: »Das sind die Streben vom Grill.«

Sie: »Aha, also ist der Fisch an der Stelle verbrannt?«

Ich: »Eher angeröstet.«

Sie: »Also verbrannt und das ist doch voll ungesund, weil das krebserregend ist, wenn man Kohle isst. Denn ich habe gelesen, dass Kohle krank macht wie Feinstaub.«

Der Freund von ihr face palm und fängt voll an zu lachen.

Ich versuche zu retten: »Naja, wenn du permanent nur verbranntes Fleisch isst, ist das scheiße, aber bei Grillspuren kann der Körper das gut verarbeiten.«

Sie: »Ach so, ok. Meine Oma nimmt auch immer Kohle für die Verdauung. So habe ich das noch nicht gesehen.«

Ihr Freund kann nicht mehr und lacht voll los. Sie ist mega irritiert und als er sich wieder gefangen hat, meint er zu mir: »Wir sind noch nicht so lange zusammen …«

Da konnte ich dann auch nicht mehr.

***

Ein Gast: »Wir wollen einen Tisch für vier Personen um 19:00 Uhr.«

Ich: »Das tut mir leid, aber wir sind ausgebucht.«

Gast: »Ich glaube schon, dass wir einen Tisch bekommen.«

Ich: »Wir sind bereits doppelt belegt, ich habe keinen Tisch mehr frei.«

Gast: »Sie haben einen Tisch für uns, wir kennen den Chef!«

Ich: »Ach so … Ja, also ich hatte mal einen Kollegen, dessen Schwager einen Bruder hatte, der in Guatemala im Knast saß und dessen Zellengenosse einen Onkel hatte, der mal in Berlin einen Mann kannte, dessen Sohn in Bremen mal eine Freundin kannte, die eine Freundin in Hamburg hatte, deren Mutter bei einem Unfall einen Bruder verlor, dessen Schwippschwager einen Cousin in Nürnberg hatte und verheiratet war mit einer Nichte väterlicherseits des Vetters 4. Grades mütterlicherseits, der auch meinen Chef kennt. Wie verdammt klein doch die Welt ist!«

Boah, war der sauer.

***

Gast: »Ich nehme das Lammfilet.«

Ich: »Das ist leider aus.«

Gast: »Echt?«

Ich: »Ja.«

Gast: »Woher wissen Sie das?«

Ich: »Der Küchenchef hat es mir erzählt.«

Gast: »Können Sie nicht nochmal nachfragen, vielleicht hat er ja doch noch welche.«

Ich: » ... wie Sie wollen.«

Also bin ich einen Espresso trinken gegangen und habe dann dem Gast gesagt, dass der Küchenchef mal guckt.

Fünf Minuten später

Gast fragt nach. Ich antworte, der Küchenchef sucht noch.

Fünf Minuten später

Gast fragt erneut und mit einem leicht ungeduldigen Unterton. Ich antworte, dass der Küchenchef noch guckt.

Fünf Minuten später

Der Gast ist richtig ungeduldig, also versichere ich ihm, dass ich beim Suchen helfe.

Fünf Minuten und einen weiteren Espresso später

Ich gehe zum Gast und sage: »Also wir haben wirklich überall gesucht, ÜBERALL, und wir haben auch vom letzten Jahr kein Lammfilet mehr übrig.«

Und die absolute Hammerpointe vom Gast, der jetzt richtig sauer wurde: »Das hätten Sie mir ja auch eher sagen können und nicht erst so spät!«

Und solche Leute dürfen wählen

Promis

»Gast ist Gast, wir behandeln jeden gleich!«

Stimmt das wirklich?

KÄSE!

Immer wenn es zum Beispiel um Promis geht, hört man den Satz: »Mir egal, wer das ist. Wir behandeln alle Gäste gleich!« Das stimmt aber nicht.

Wieso?

Es gibt unterschiedliche Arten von Gästen:

Der Promi.

Er bekommt anders als »normale« Gäste ein aufwändigeres Treatment. Im Sörwis ist man gerne an seinem Tisch, um mit ihm zu reden, ihn vielleicht etwas kennen zu lernen. Dadurch ist man von Natur aus freundlicher und eher bereit, Extrawünsche zu erfüllen. Überdies geben Promis dem Betrieb durch ihren Besuch eine gewisse Exklusivität. Man schmückt sich also gerne mit ihnen und ist besonders zuvorkommend.

Der Stammgast.

Man kennt seine Vorlieben und Gewohnheiten. Es ist über die Zeit eine persönliche Beziehung entstanden, man spricht auch über Privates. Dadurch wird der Sörwis persönlicher und intensiver. Oft unbewusst verbringen wir mehr Zeit am Tisch der Stammgäste als an dem anderer Gäste.

Der freundliche Normalo.

Man ist nett und freundlich und macht einen zuvorkommenden Sörwis. Mehr aber auch nicht.

Der unliebsame Gast.

Bei anstrengenden, nervigen, unfreundlichen und unsympathischen Gästen ist man förmlicher, distanzierter und, so selten es geht, am Tisch. Man macht gewissermaßen das Nötigste, ist weniger hilfsbereit und auch weniger geneigt, auf Extrawürste einzugehen.

Der hilfsbedürftige Gast.

Alte Menschen, Kinder und Menschen mit physischer oder psychischer Einschränkung wecken in uns den Beschützerinstinkt und lassen unsere soziale Kompetenz aufleuchten. Man ist sehr hilfsbereit und zuvorkommend.

Der Arschloch-Gast .

Den schmeißt man einfach nur raus. Er lässt einen Dinge sagen, die man sich sonst nicht trauen würde.

Fazit: Jeder Gast ist anders. Jeder hat einen anderen Charakter und andere Ansprüche. Es ist nicht die Entscheidung des Kellners, wie er einen Gast behandelt, sondern es ist die Entscheidung des Gastes, wie er behandelt werden möchte. In der modernen Gastronomie zählt Augenhöhe. Behandelt mich ein Gast freundschaftlich, wird er ebenso behandelt und bedient. Ebenso beim Gegenteil. Einem brüllenden Gast mit zuvorkommender Freundlichkeit zu begegnen, führt oft dazu, dass er in dir ein Opfer sieht, sich bei ungerechtfertigten Beschwerden im Recht und dich in der Luft mit vier Fingern zerreißt.

Wie überall anders auch halten wir Menschen oft den Spiegel vor. Und noch wichtiger ist, für sich eine unsichtbare Grenze zu ziehen, was ertragbar ist und was nicht. Denn Anstand und Benehmen sollten vor Hotel- oder Restorangtüren keinen Halt machen!!!!!

***

Und dann war alles anders

Der Laden voll, die Gäste nett. Die Welt schien perfekt, denn nicht ein Restegast war da. Und dann passierte es: Ein Promi kam zum Essen. Einer jener Promis, die WIRKLICH bekannt sind, den man sofort erkennt, ohne nachzudenken. Sofort änderte sich das Raumklima, es wurde leise. Mehr oder minder verstohlene Blicke zu der bekannten Persönlichkeit, Getuschel. Es blieb ruhig, eine Aura der Erhabenheit und des Glanzes durchzog den Raum und verteilte sich wie Milch in Kaffee.

Dann rief mich ein Gast zu sich und fragte: »Sagen Sie, äh ist das nicht ***?«

Ich: »Keine Ahnung, ich habe mir nicht den Perso vorzeigen lassen.«

Gast: »Doch, das ist ***. Können Sie mir ein Autogramm besorgen oder Fragen, ob wir ein Selfie machen dürfen?«

Ich: »Nein.«

Gast: »Och bitte!«

Ich: »Erstens können Sie selber fragen und zweitens ist das bei uns nicht gestattet.«

Gast etwas zickig: »Ach, darf das *** nicht selber entscheiden?«

Ich: »Natürlich. Aber ich möchte, dass die Privatsphäre meiner Gäste gewahrt bleibt und auch Prominente haben das Recht, in Ruhe und Frieden zu essen. Auf der Straße ist das was anderes, aber im Restorang gehört es sich einfach nicht.«

Gast: »Na denn? Dann frage ich eben selber.«

Der Gast stand auf, ging zum Promi und fragte nach einem Selfie. Der Promi guckte hoch, lächelte und sagte: »Nein.«

Daraufhin musste ich ins Kühlhaus.

Am Ende bedankte sich der Promi, welcher das alles mitgehört hatte.

***

Prominenter Besuch

Es gibt drei Arten von Prominenten:

1. Prominente, die niemand erkennt, weil sie mal prominent waren.

2. Prominente, bei denen man überlegen muss, ob das nun der ist, für den man ihn hält.

3. Prominente, die man sofort erkennt.

Heute war ein Prominenter der Kategorie 3 bei uns und sofort änderte sich das Raumklima. Als die Person das Restorang betrat und allmählich die Aufmerksamkeit auf sich zog, wurde es still. Eine Aura der Erhabenheit legte sich auf die anwesenden Gäste, ein Gefühl wie: »Ich esse im selben Restorang wie ***, was mich auch zu einem Promi macht«. Verstohlene Blicke, leises Getuschel und dann …

… die plumpen Idioten, die sofort an den Tisch gingen, um nach einem Autogramm zu fragen. Die Person ließ es über sich ergehen. Einer aber war besonders dreist: Er stellte sich vor den Tisch und machte ungefragt ein Selfie. Auch wenn der Prominente es mit Ignoranz und Professionalität quittierte, so war es mir peinlich. Warum? Wenn ich auf der Straße einem Promi begegne, kann ich gerne nach einem Autogramm oder Selfie fragen. In einem Restorang aber empfinde ich es als absolutes Nö Gö, denn auch Promis haben mal »Feierabend« und wollen für sich sein. Ich als Gastronom habe auch die Pflicht, Prominenten einen sicheren Raum der Ruhe zu ermöglichen und reagiere entsprechend mit Tadel, wenn autogramm- und selfiegeile Nervgäste die Ruhe eines anderen Gastes stören.

Deswegen mein Tipp: Respektiert die Privatsphäre von Promis, denn auch sie haben das Recht für sich zu sein!

***

Wer den Großteil seiner beruflichen Laufbahn in der gehobenen und Sternegastronomie gearbeitet hat, hat eines mit Edelprostituierten gemeinsam: Man sieht einen Prominenten und weiß dann nicht so recht, ob man den nicht schon mal bedient hat. An viele Prominente erinnert man sich nur noch rudimentär, andere bleiben einem dauerhaft in Erinnerung und nur ganz wenige, wenn nicht bloß ein oder zwei, prägen einen. Ich könnte jetzt ein ganzes Buch mit Erlebnissen füllen, welches sowohl schöne als auch unschöne Erinnerungen beinhalten würde. Aber es ist für einen Autor auch beinahe unmöglich, über seine Erlebnisse mit Promis zu schreiben. Zu groß ist die Angst vor sehr teuren Unterlassungsklagen. Was also tun, wenn man über einen Prominenten schreiben will? Ganz einfach: Man fragt ihn. So tat ich es und bekam prompt die Antwort des Protagonisten: »naklageht klaa udolius«.

Ich war total perplex, auch weil die Antwort so schnell kam, und musste die Mail zweimal, dreimal lesen, um zu realisieren, dass mir hier einer der bekanntesten Menschen Deutschlands die Erlaubnis gab, über ihn zu schreiben.

Nun ist es auch so, dass man viele Promis nur ein- oder zweimal sieht, in vielen Fällen nennt man manche Promis auch seine Stammgäste oder, wie in diesem Fall, ist er ein

Bewohner und wird von allen Angestellten eher als Kollege oder Familienmitglied gesehen.

Udo Lindenberg

Obwohl meine Erlebnisse einige Jahre zurückliegen, sind die Erinnerungen noch so intensiv, als wäre es erst gestern gewesen. Und wegen der mannigfaltigen Erlebnisse und der positiven Beeinflussung auch meines Lebens, habe ich mich entschieden, mein zweites Buch diesem Promi zu widmen und in dem Buch einige Anekdoten wiederzugeben.

***

Ein Anruf mit Folgen

Ich hatte gerade meinen Dienst im Room Service begonnen, als das Telefon klingelte. Auf dem Display stand: »#915 D U. Lindenberg.« Mein erster Promi im Room Service. Ich ließ es drei Mal klingeln, ehe ich mich offiziell meldete: »Schönen guten Tag Herr Lindenberg, mein Name ist Olli. Was kann ich für Sie tun?« Udo antwortete: »Nee, nicht Herr Lindenberg, ich bin Udo.« Er bestellte ein Rinderfilet, eingelegte Pfefferkörner, Gemüse. Nach 20 Minuten brachte ich ihm die Bestellung auf sein Zimmer. Die Tür stand angelehnt und nachdem ich dennoch geklingelt hatte, hörte ich eine Stimme: »Komm rein.« Ich muss gestehen, dass ich ziemlich aufgeregt war, denn ich bin mit seiner Musik aufgewachsen und in meiner Familie genoss Udo eine große Beliebtheit, in die ich quasi hineingeboren wurde. Die anfängliche Nervosität wich schnell durch Udos Lockerheit und seinen ungezwungenen Umgang mit uns Angestellten. Ich habe oft Promis erlebt, die berühmt oder eher berüchtigt für ihre Starallüren waren; die vor der Kamera nett, freundlich oder lustig sind, aber »hinter den Kulissen« sich als echt unangenehme Menschen gebärdeten. Dies hat für uns Gastronomen einen interessanten Effekt zur Folge: Durch persönliches Erleben sinkt die Gunst vieler Promis, die sehr beliebt sind, weil sie kaum einer wirklich so erlebt, wie sie sind. Das ist bei Udo anders. Viele sagen ja, dass sein Nuscheln und seine coole Art gespielt sind, um aus ihm eine Kunstfigur zu machen. Ich weiß aber aus über zwei Jahren des Erlebens, dass er genauso ist, wie er ist: authentisch.

***

Das Luxusproblem

Wenn Udo ins Hotel kam, bestellte er üblicherweise an der Rezeption, sodass er seine Bestellung bekam, sobald er sein Zimmer bezog. Dass Udo gerade ein Zimmer betrat, konnte man schon am Zigarrenrauch riechen, den Udo immer hinter sich herzog. Denn ähnlich wie Helmut Schmidt raucht Udo seine Zigarren fast überall. Eines Tages löste der Rauch einen Feueralarm aus. Weil wir wussten, dass es aus Udos Zimmer kam, konnte die Feuerwehr zuhause bleiben. Als ich Udo darauf ansprach, meinte er nur: »Keine Panik, dann rauche ich in der Bar. Ist ja bloß ein Luxusproblem.« Also schlurfte er wie immer auf Socken in die Bar, um seine Zigarren zu rauchen.

***

»Kontroversen muss es geben«

Nachdem die Premiere seines Musicals »Hinterm Horizont« in Berlin ein breites Medienecho gefunden hatte, las ich während einer meiner oft langweiligen Nachtschichten die Süddeutsche Zeitung, welche ebenfalls einen großen Artikel über das Musical schrieb. Die Kritik war leider alles andere als positiv. Ich ärgerte mich darüber, denn nachdem wir Freikarten von Udo bekommen hatten, hatten wir es uns angesehen und waren begeistert. Eine schöne, echte und bodenständige »Ost-West Side Story«. Als Udo wie üblich seinen Tee bestellte, sprach ich ihn darauf an und er: »Ja, ey, Kontroversen muss es immer geben. 200.000 haben es gesehen und die meisten finden es geil. Wenn das einer nicht cool findet, ist das ok.« Ich habe nie erlebt, dass Udo mal laut oder negativ erregt war. Kritik nahm er mit Gleichmut und Coolness hin. Sein genereller Erfolg gab ihm Recht.

***

Der Weihnachtsmann

Nachdem Udo seine Platte »Stark wie zwei« und seine Stadiontouren auf DVD veröffentlicht hatte, lag sein ganzer Schreibtisch voller CDs und DVDs. Jedem Angestellten, den er traf, schenkte er ein mit »Udogramm« signiertes Exemplar. In den zwei Jahren, die ich Udo bedienen durfte, kaufte ich mir nicht eine einzige Scheibe.

***

»Dr. Flexible«

Eines Tages bestellte Udo ein Lunch-Paket, weil er mit seiner »Komplizin« Tine einen Ausflug machen wollte. Als ich das Lunch-Paket brachte, machte Udo es auf, sah das Weißbrotsandwich und rief ins Bad, wo Tine sich gerade fertig machte: »Ey, Tine, willst Du lieber Vollkorn? Doctor Flexible macht das klar.« Ich musste so lachen und für Tine war dann Weißbrot in Ordnung.

***

Das vergoldete Blech

Als Udo den zweiten Bambi für sein Lebenswerk erhielt, war er verständlicherweise stolz wie Bolle. Nachdem ich mal wieder bei ihm was servierte, gratulierte ich ihm für den Preis, was Udo folgendermaßen kommentierte: »Ey, der ist ganz schön schwer, kannst den mal in die Hand nehmen.« Und der Bambi ist wirklich schwer, was an dem Kristallfuß liegt. Als ich mir den Bambi etwas näher anguckte, meinte Udo: »Das ist so vergoldetes Blech, da steht sogar mein Name drauf.«

***

Das Urlaubsgeld

Nachdem ich Udo einen Cappuccino servierte meinte er: »Bis morgen, Fischkopp*.«

Ich: »Du, ich habe jetzt zwei Wochen Urlaub.«

Daraufhin drehte er sich um, griff in die Tasche, zog ein Bündel Scheine raus und drückte mir einen 100-Euro-Schein in die Hand. Ich sah verwundert auf den Schein und entgegnete: »Das ist aber etwas viel Kohle, Udo.«

Darauf er: »Nee, is Urlaubsgeld und trifft ja auch keinen Armen.«

*Den Namen Fischkopp verlieh mir Udo, nachdem ich ihm erzählte, dass ich von der Elbinsel Finkenwerder komme, einem ehemaligen Fischerdorf in Hamburg.

***

Mit Udo auf der Bühne

2015 gab Udo vier große Konzerte, unter anderem auch in Hannover. In Zusammenarbeit mit der Bildzeitung verloste Udo für jedes Konzert die Möglichkeit, mit ihm für ein Lied auf der Bühne zu stehen. Man sollte also ein kurzes Video aufnehmen, wieso Udo einen mitnehmen sollte. Von den mehreren Tausend Bewerbern suchte die Bildzeitung 50 Personen für die engere Auswahl aus, aus welchen Udo dann jeweils zwei Personen für jeweils ein Konzert aussuchte. Ich hatte das Glück, dabei sein zu dürfen, und durfte in der HDI-Arena in Hannover an vorderster Front dem Konzert beiwohnen. Beim Lied »Candy Jane« war es dann soweit: Wir durften mit auf die Bühne und auf dem Steg mit Udo zusammen abrocken. Vor 50.000 Menschen mit ihm auf der Bühne zu stehen, war mit das Unglaublichste, was ich jemals erlebt habe, und auch die anschließende After Show-Party wird mir immer in Erinnerung bleiben. Noch heute sehe ich mir gerne die Bilder und Videos des Konzertes an und reibe mir die Augen, wenn ich mich selber auf der Bühne neben Udo sehe. Was für eine geile Scheiße das war!

***

Wie ist Udo privat?

Es gab ein paar Momente, in welchen ich Udo WIRKLICH privat erleben durfte. Momente, in welchen wir uns über dütt un datt unterhielten, er mir erzählte, was er alles Geiles am Start hatte (damals das Rock Liner Projekt), und wie aufgeregt er darauf sei. Weltweit einzigartig war das Projekt mit TUICruises und man merkte, wie stolz er darauf war. Obwohl es Momente gab, in welchen man ihm doch ein wenig sein Alter ansehen konnte, hatte ich nie den Eindruck, einem alten oder schwachen Mann gegenüber zu stehen. Regelmäßig ging er nachts um die Alster joggen, ernährte sich absolut gesund und verzichtete (was tatsächlich der Realität entspricht und kein PR-Märchen ist) komplett auf Alkohol. Wer Udo bei einem seiner riesigen Konzerte erlebte, weiß, wie fit man sein muss, um drei Stunden durchzuziehen. Was mir zum Thema körperliche Konstitution in Erinnerung geblieben ist: Als Udo vom Rock Liner zurückkehrte, fing er sich einen fiesen Schnupfen ein. Doch statt das Bett zu hüten und sich auszuruhen, arbeitete er unverändert weiter. Was für eine Power, wenn man bedenkt, dass Udo da schon Mitte 60 war. Krasser Typ!

***

Everybodys Darling

Udo war für uns einer der, wenn nicht DER beliebteste Prominente und der bis heute einzige, welchen wir duzen sollten. Üblich für ihn war auch, jeden Angestellten mit Handschlag zu begrüßen, egal ob Hoteldirektor oder Zimmermädchen. Für ihn war das Team wie eine Familie, das Hotel eh sein Zuhause. So kam es regelmäßig vor, dass Udo auf dem Weg zum Schwimmbad in Bademantel und neongrünen Socken, aber immer mit Hut und Zigarre durch das Hotel lief. Sein Umgang mit uns und umgekehrt blieb immer freundschaftlich und entspannt und für uns war Udo ein Kollege. Ein völlig normaler und ungezwungener Umgang.

***

Das Ding mit seinem Porsche

Und dann passierte es: Ich sollte Udos 911 Porsche Carrera in die Garage fahren, tat dies auch, aber leider etwas zu ruppig, sodass ich einmal kurz aufgesetzt bin und eine kleine Beule im Rahmen hinterließ. Kreidebleich musste ich es Udo gestehen. Also bat ich ihn, sich das kurz anzusehen, was er tat. Einmal kurz gegen den Rahmen trat und meinte: »Das kriegen die in Stuttgart wieder hin, keine Panik.« Alter Schwede, war ich erleichtert.

***

Der Stempel

Was ich oben skizzierte, sind meine prägnantesten Erlebnisse mit Udo. Viele kleine Erinnerungen oder Gespräche sind mit der Zeit in meinem Unterbewusstsein verschwunden. Ich habe ihn ja fast jeden Tag bedient und dieser »Dienst« wurde mit der Zeit völlig normal. Seine Gewohnheiten und Vorlieben waren so normal, dass man fast immer wusste, was Udo wann bestellt. Ein netter Nebeneffekt waren die Trinkgelder, die Udo gab. Da er diese meistens mit der Rechnung seiner Bestellung auf sein Zimmer schrieb, konnte ich an der Rezeption einmal durch Zufall sehen, was er in einem Monat alleine an Trinkgeldern gab. Mir fiel die Kinnlade runter. Ich schweige natürlich über den Betrag, nur so viel kann ich verraten: Manchmal vierstellig!

***

Das Echo

Wie an oberster Stelle erwähnt, bin ich mit seiner Musik aufgewachsen. Dass ich ihm über zweieinhalb Jahre oft so nahe sein durfte, verstärkte die Sympathie für ihn um ein Vielfaches und ich muss tatsächlich ohne Übertreibung bekennen, dass ich ihn wirklich liebhabe. Nicht nur, weil er fachlich gesehen ein absolut unkomplizierter und anspruchsloser Gast war, sondern ein sehr hohes Maß an Menschlichkeit und Empathie besitzt. Während ein anderer Prominenter, mit dem ich aufwuchs und der für mich ein Kindheitsidol war, mir aber diesen Mythos durch sein widerliches Verhalten zunichte machte, verstärkte sich der Effekt im positiven Sinne bei Udo. Ich tue mich schwer, andere Menschen, deren Lebensweg ein ganz anderer als der meine ist, als Vorbilder anzuerkennen, aber wenn ein Mensch durch die Jahrzehnte des Erfolgs und der überaus großen Bekanntheit, einhergehend mit dem entsprechenden finanziellen Reichtum, auf dem Boden der Tatsachen geblieben ist, weder arrogant noch abgehoben oder weltfremd und unrealistisch wurde, zollt es mir einen enormen Respekt ab. Denn solche Promis sind leider in der Minderheit, gar eine Rarität sind jene wie Udo, die wie völlig normale Menschen aus der Nachbarschaft wirken, weil sie im Grunde ihres Herzens auch völlig normale Leute sind … wenn auch mit einem Hauch Verrücktheit.

Diese Begegnung wird mir für immer im Gedächtnis und im Herzen bleiben, der »Panik Virus« ist unheilbar in mir verankert. Lieber Udo, ich danke dir für die geilen Momente und dafür, dass du meine Sicht auf manche Dinge unbewusst, aber entschieden geprägt oder verändert hast.

Die wundersame Welt des Homo Gastronomicus

Auszubildende – was ist das eigentlich?

Azubis sind Meister im Überleben. Mit einem Hungerlohn schaffen sie es dennoch, in den teuersten Städten Deutschlands zu überleben. Azubis sind die Letzten in der Nahrungskette, für die Idioten unter den Gastronomen Subkreaturen und Sklaven in Ausbeutung, für die Innovativen aber doch Rohdiamanten, welche nur dann wirklich strahlen, wenn sie richtig geschliffen werden. Azubis gelten als jung und naiv, dabei bringen sie oft neue Sichtweisen. Sie sind kreativ in Problemlösungsstrategien und genießen durch ihren »Welpenschutz« auch bei Gästen eine hohe Toleranz.

Azubis sind äußerst genügsam. Mit wenig Geld und oft schlechten Trinkgeldbeteiligungen schaffen sie es dennoch neben all den Fixkosten nach Feierabend mit den Kollegen etwas trinken zu gehen. Sie sind zuweilen pedantische Standardsheriffs die Ausgelernte ohne mit der Wimper zu zucken auf Fehler hinweisen. Azubis sind die gastronomische Feuerwehr, sie werden überall da eingesetzt, wo es brennt, und auch wenn sie oft viel jammern, ziehen sie durch und gehen mit als Letzte. Sie sind die spezielle Eingreiftruppe der Gastronomie (SEG), welche auch an freien Tagen kranke Kollegen ersetzen.

Wenn du einem Azubi auf die linke Backe haust, halten sie auch die rechte hin. Sie sind zuweilen etwas naiv und lassen sich mehr bieten, als sie müssen, aber gehst du fair und würdig mit ihnen um, hast du loyale und äußerst belastbare Nachwuchsgastronomen.

Azubis sind unsere Zukunft, die Erben einer der größten Branchen Deutschlands. Wer sie verheizt und meint, sie ausnutzen zu müssen, ist eine Schande für die Branche und verdient es nicht, sich Gastronom nennen zu dürfen. Lehrjahre sind eben doch Herrenjahre, denn in der Ausbildung legen sich die Weichen für eine gute und tragende Zukunft. Aus dem Rohdiamanten wird entweder ein feurig-funkelnder Stein oder ein zutiefst geprellter und enttäuschter Mensch der das tut, was viele machen: Flüchten!

***

Köche – was ist das eigentlich?

Die Orks unter den gastronomischen Rassen fühlen sich bei hohen Temperaturen und Luftfeuchtigkeit so richtig wohl. Als Halbgötter in Weiß schaffen es Köche, aus wenig viel zu kochen. Sie sind Meister der Improvisation. Machen sie einen Fehler, entstehen dadurch oft ganz neue Gerichte. Köche sind zuweilen etwas temperamentvoll, in einer Sekunde lammfromm, in der nächsten werden sie zum Hulk, ohne aber grün anzulaufen. Köche sind energetische Wunderwerke, die erst dann totzukriegen sind, wenn die Erde durch einen Asteroiden zerstört wird. Naja, dann kochen sie eben auf dem Mond weiter. Für Köche wird es meistens dann stressig, wenn der Bondrucker rollenweise Bestellungen in Endlosfolge druckt, gebremst nur vom Paas voller Teller, die der Sörwis nie schnell genug an den Gast zu bringen bereit ist.

Köche sprechen generell eine andere Sprache als die Kellner. Kaum sagt der Koch, dass etwas aus ist, vergeht in der Regel keine halbe Stunde, ehe genau das gebucht wird.

Für Köche gilt auch immer die 15-Minuten-Regel, welche besagt, dass, egal wann die Küche offiziell geschlossen ist, 15 Minuten davor NICHTS mehr vom Sörwis gebucht werden darf, besonders kein 500 Gramm Stück Rinderfilet well done.

Was Köche mal so richtig aus der Fassung bringt? Wenn fast nichts los ist, sie ihre Posten auffüllen, die Küche putzen und dann vier Gäste auf den letzten Drücker so ungünstig bestellen, dass ALLES wieder aufgebaut und dreckig gemacht wird. Köche ernähren sich überwiegend von Feierabendbier und gelegentlichen Ballerstoffen, auf welche ich mal lieber nicht weiter eingehen will. Sie sind äußerst gesellig und schaffen es ohne Probleme, auch die bestausgestatteten Bars komplett leer zu saufen, aber dennoch zuhause ein geiles Absturzmenü zu kochen. So um 7 Uhr morgens. Auch dann, wenn sie um 8 wieder am Herd stehen.

Köche sind hart im Nehmen. Egal ob sie sich an der Wärmebrücke verbrennen, sich schneiden oder verbrühen, sie arbeiten einfach weiter. Ein Koch ist erst dann tot, wenn sein Kopf mindestens einen Meter vom Rumpf entfernt ist.

Was macht eigentlich ein Koch, wenn er nicht mehr kochen kann? Er liegt 2 Meter unter der Erde!

***

Kellner – was ist das eigentlich?

Kellner sind eine recht unscheinbare Rasse. Sie zeichnen sich durch hohe Sozialkompetenz und diskrete Zurückhaltung aus, sobald sich aber ihr Milieu verändert und sie auf Arbeit sind, ändert sich ihr Verhalten schlagartig.

Kellner sind dann eine Mischung aus devoten bis masochistischen, die Uhr nicht lesenden und den Wert des Geldes nicht beachtenden Fabelwesen, die lieber ja als nein sagen. Kellner sind an den nie wirklich sitzenden Uniformen und dem Kondensstreifen zu erkennen, welchen sie einem Schweif ähnelnd hinter sich herziehen. Kellner sind äußerst genügsame Wesen, welche weder viel Schlaf noch viel Nahrung und Wasser brauchen. Sie ernähren sich überwiegend von dem, was in der Küche übrigbleibt oder von allerlei Varianten von Nudelgerichten, die schnell zusammengekocht sind. Kellner sind die schnellsten Esser im Tierreich. Sie schaffen es innerhalb von 10 Minuten eine 70 Grad heiße 300 Gramm Portion Käsenudeln zu vertilgen, danach in zwei Zügen eine Zigarette zu inhalieren und eine 90 Grad heiße 200 Milliliter Tasse Kaffee hinterher zu kippen.

Sie sind überwiegend nachtaktiv. Wo andere im Vollrausch in ihrem eigenen Erbrochenen liegend schnarchen, macht sich der Kellner noch eine Flasche Gin auf und geht dann zur Arbeit. Natürlich wie aus dem Ei gepellt, nur eine flüchtige Wolke feinen Alkoholaromas umgibt sie, welche sich auch nicht durch den auf dem Weg zur Arbeit gekauften XXL Döner beseitigen lässt. Kellner leben schnell. Mit Mitte 40 sind sie dermaßen verheizt, dass man hofft, sie mögen so alt werden, wie sie dann aussehen. Aber sie bleiben auch nach Ausscheiden aus der Gastro im tiefsten ihres Inneren das, wozu sie geboren wurden: Kellner.

***

Letztens ging eine angeblich gelernte Fachkraft mit einem Tablett voller Gläser zum Tisch. Sie trug das Tablett mit beiden Händen, aber ok. Sie lief so langsam, dass sie rückwärts lief, aber ok. Safety first. Dann am Tisch rief sie in die Runde: »Können Sie da mal bitte Platz machen? Ich muss hier das Tablett abstellen.«

Die Gäste taten, wie ihnen geheißen. Die »Fachkraft« stellte das Tablett ab und ging. Die Gäste schienen etwas verdutzt, aber nahmen sich die Getränke selber.

Als die »Fachkraft« an einem Tisch vorbeilief und ein Gast etwas bestellen wollte, sagte sie: »Das mache ich nicht, das sind nicht meine Tische.«

Das ist mal exemplarisch für die dringende Notwendigkeit motivierter Fachkräfte!

Der Nachwuchs

Belohnt eure Azubis, statt sie zu bestrafen!

Vor einiger Zeit hatte das Hotel einer großen Kette für seine Azubis bei terminlichen Verfehlungen Minustage als Strafe verhängt. Auf meinen Hinweis, dass dies unrechtmäßig sei, wurde diese Maßnahme wieder zurückgenommen. In einem anderen Fall hat eine Bar einen ganzen Strafenkatalog erstellt, bei welchem für bestimmte Verfehlungen ein bestimmter Betrag des Trinkgeldes abgezogen wird. Vor einigen Tagen sprach ich mit einem Azubi (3. Lehrjahr) über eines der fünf besten Hotels Hamburgs, welcher von seiner Ausbildung und den Arbeitsbedingungen dermaßen enttäuscht ist, dass er nach der Ausbildung die Gastro verlässt. Ganz besonders Berufsschulen sind wie mündliche Bewertungsportale, bei welchen schnell klar wird, wo die Ausbildung gut und wo sie weniger gut ist.

Was ich nicht begreife:

Wieso belohnt man seine Azubis nicht? Jetzt wird der eine oder andere denken: »Ok, man muss nicht für Selbstverständlichkeiten wie pünktliches Erscheinen, keine unentschuldigten Fehlstunden in der Berufsschule oder pünktliche Abgabe des Berichtshefts belohnt werden.«

DOCH! Denn wir reden hier von zum Teil noch sehr unorganisierten, jungen Menschen die noch nicht wissen, wie es in der Berufswelt laufen muss. Sie müssen lernen, bei Krankmeldungen die Meldekette einzuhalten. Überwiegend höre ich, dass Azubis mehr gefordert als gefördert werden und zur Förderung gehört belohnen und vor allem auch bedanken! Azubis sind keine regulären Mitarbeiter. Sie sind da, um zu lernen und um sich für die nächste Generation von Gastronomen zu präparieren. Wieso also nicht jeden Monat 50,- Euro netto zusätzlich zum Gehalt oder besser noch 100,- Euro? Wer immer pünktlich ist, wer die Berufsschule ernst nimmt, wer fleißig und engagiert ist, mit- und vorausschauend denkt, pro aktiv lernt, fragt und kritisiert, der sollte dafür auch belohnt werden. Ein einfaches »Danke« wirkt oft Wunder und fördert die Motivation. Ein kleines Top auf dem Konto ist viel Wert!

Natürlich gibt es immer auch Azubis, die das genaue Gegenteil sind, die niemals Gastronomen sein werden, in welchen man sich täuschte. Aber im Umgang mit guten und nachlässigen Azubis sollte es einen großen Unterschied geben, um den motivierten Azubis nicht das Gefühl zu geben, in einen Topf mit den anderen geworfen zu werden.

Lehrjahre sind EBEN DOCH Herrenjahre, denn wenn es schon die absoluten 5*+ Tophotels schaffen, jungen Menschen innerhalb von drei Jahren die Gastronomie madig zu machen, produzieren wir uns unseren Fachkräftemangel selber. Wir verprellen motivierte, junge Menschen, noch bevor sie feststellen, dass sie das Talent zum Gastronomen haben.

Ich habe jedenfalls ein weiteres Luxushotel, welches ich jungen Menschen zur Ausbildung nicht empfehlen werde. Ein Hotel mit gigantischem Ruf aber faulem Kern, schade!

***

Auch nicht schlecht!

Wir haben mit Wirkung 01.01.2020 die Preise für sämtliche Speisen um einen Euro erhöht.

Nachdem ein Gast die Rechnung bekam und ich kassieren wollte, guckte mich der Gast an und fragte: »... Sind Sie teurer geworden?«

Ich: »Ja, wir haben die Preise um einen Euro angehoben.«

Gast: »Und wieso?«

Ich: »Weil wir auf die steigenden Mieten, Energie- und Betriebskosten reagieren mussten.«

Gast: »Ja, aber dann müssen Sie auch die Portionen vergrößern.«

Ich: »Wenn wir das täten, würden wir noch teurer.«

Gas: »Ich finde es unverschämt, für dieselbe Leistung mehr zahlen zu müssen, das sehe ich nicht ein!«

Ich: »Aha ... ok ... also, wenn die Miete steigt, gehen Sie zum Vermieter und wollen ein Zimmer mehr? Oder Sie fahren mit der Bahn und wollen ein kostenloses Upgrade für die erste Klasse? Oder wenn Sie tanken, beschweren Sie sich und wollen einen kostenlosen Liter zusätzlich? Wie überall anders auch müssen wir die allgemeinen Preissteigerungen an den Endverbraucher weiterreichen, nur blöderweise scheint sich das hartnäckige Gerücht zu halten, wonach die Gastronomie eine Art Rotes Kreuz oder ein Klub der barmherzigen Samariter sei, welche frei betriebswirtschaftlicher Ansprüche oder dem Druck des Marktes und des Finanzamtes existieren kann.«

Bähm, Ruhe!

***

Heute kam ein Azubi zu mir, der mir erzählte, dass ein Gast von ihm nicht bedient werden wolle, weil er ein Azubi sei. Daraufhin ging ich zu dem Gast und fragte, wieso er nicht von dem Azubi bedient werden wollte, worauf dieser entgegnete: »Für die Preise, die wir zahlen, erwarten wir den besten Sörwis, den wir bekommen können. Auszubildende machen zu viele Fehler und haben eine zu geringe Fachkenntnis, deswegen wollen wir von ausgebildeten Fachkräften bedient werden.«

Ich: »Dann haben wir ein Problem.«

Gast verwundert: »Und welches?«

Ich: »Wir sind alle Azubis.«

Gast perplex: »Bitte, was?«

Ich: »Ja, wir erlernen alle diesen Beruf. Jeden Tag lernen wir neue Dinge, wir machen alle Fehler. In diesem Beruf wird man niemals ein Meister, man überwindet regelmäßig Hindernisse, stößt an seine Grenzen, weiß oder kann Dinge nicht. Ich beweise es Ihnen.«

Ich wandte mich zum Tresen, an welchem Ahmed stand: »Ahmed, bist du Azubi?«

Ahmed: »Ja, man!«

Ich: »Bibi, bist du 'ne Azubine?«

Bibi: »Logen, bis zur Rente!«

Wieder wandte ich mich zum Gast und sagte: »Sehen Sie? Wir sind alle Azubis und wenn Ihnen unsere jungen Azubis nicht gut genug sind, dann sind wir es für Sie auch nicht.«

Das hat gesessen, die sehen wir nie wieder!

***

Ein Paar sitzt im eher noch verhalten gefüllten Restorang. Da ich Zeit hatte, unterhielt ich mich mit den Gästen, welche mir erzählten, dass die Tochter beabsichtigte, ein Praktikum und dann eine Ausbildung in der Gastronomie machen zu wollen. Ich informierte sie, so gut ich konnte, über die Vorzüge der Branche.

Irgendwann wurde es schlagartig voll im Laden und wir waren ziemlich am Rennen. Als ich dem Paar die Rechnung brachte, sagte die Frau: »Also, wir werden unserer Tochter abraten, eine Ausbildung zu machen, so stressig wie es hier auf einmal ist. Das können wir unserer Tochter wirklich nicht zumuten!«

Ich wette, sie wird studieren.

***

Läuft bei denen

Ich saß beim Arzt, als sich zwei Patienten unterhielten:

Patient 1: »Meine Schwiegertochter macht jetzt drüben ein Café auf.«

Patient 2: »Das Leerstehende, echt? Hast du nicht gesagt, die studiert?«

Patient 1: »Jaaa, aber das Studium bricht sie ab und macht lieber ein Café auf.«

Patient 2: »Hat die denn Erfahrung mit Kellnern oder so?«

Patient 1: »Nö, dat lernt die ja dann. Das ist ja bloß ein kleines Café, da braucht man ja nicht für studiert zu haben.«

Patient 2: »Kennst du Gabi? Die meinte, das ist Knochenarbeit.«

Patient 1: »Ja, wenn man keine Ahnung hat, ja. Aber die macht ja kein Restaurant oder so auf. So ein kleines Café geht locker und in 10 Jahren braucht sie dann nicht mehr arbeiten. Das hat ihr Mann auch gesagt.«

Patient 2: »Das ist doch super. So schwer kann das ja wirklich nicht sein …«

Ich musste mich auf's Klo zum Lachen zurückziehen!!!

***

Jeder kennt sie. Die Ausreden dafür, zu spät zur Arbeit zu kommen. Ich habe für euch mal ein paar Beispiele, die ich in vielen Jahren erlebt und gesammelt habe. Einige habt ihr bestimmt selber mal gehört.

»Mein Wellensittich lag tot im Käfig, ich musste ihn erstmal begraben.«

»Meine Mutter hat verschlafen und sollte mich eigentlich wecken.«

»Ich musste tanken, aber warten, bis die Tankstelle aufmacht.«

»Meine Handyuhr geht falsch.«

»Der Wecker hat im Traum geklingelt, aber das habe ich in echt nicht gehört.«

»Mein Busfahrer hatte Verspätung.«

»Die Batterien in meinem Wecker sind in der Nacht ausgefallen.«

»Meine Katze hat den Haustürschlüssel versteckt.«

»Ich habe mir an der Pizza den Mund verbrannt und musste den erst kühlen.«

»Mein Bein ist eingeschlafen.«

»Meine Freundin wollte noch 'ne schnelle Nummer.«

»Der Bus hat sich verfahren.«

»Ich habe vergessen, dass ich heute arbeiten muss.«

»Ich bin pünktlich aufgestanden, aber in der Bahn nochmal eingeschlafen.«

»Mein Wecker hält sich nicht an die Weckzeit.«

»Ich habe vergessen, mein Handy aufzuladen, und dann ging auch der Wecker nicht mehr.«

»Ich dachte, ich kann 10 Minuten später kommen, weil ich gestern 10 Minuten länger blieb.«

»Mein Handy ist unter das Kopfkissen gerutscht, deswegen habe ich den Wecker nicht gehört.«

»Mein Wecker hat verschlafen.«

***

Bericht eines Gastes: »Mein Sohn hat eine Ausbildung zum Hotelfachmann gemacht. Dafür bin ich dankbar, denn jetzt lernt der Bengel endlich mal Ordnung. Seitdem der in einem Luxushotel arbeitet, macht er sogar bei uns die Betten. Der ist so penibel, dass selbst meine Frau am Verzweifeln ist.«

Hotellerie – Das Boot Camp der Hipster-Jugend!

***

Ich weiß es noch wie heute: Meine allererste Bestellung war eine Currywurst mit Pommes und eine große Cola. Das war am 07.01.2003 an der Führungsakademie der Bundeswehr.

Dieser Tage wird eine neue Generation von Azubis ihre ersten Bestellungen aufnehmen und dabei wünsche ich allen neuen Azubis alles Gute und viel Erfolg. Viele neue Eindrücke und sehr viel Input werden auf euch einprasseln, aber ihr schafft es und werdet euren Weg gehen. Wir werden versuchen, euch, so gut es geht, zu begleiten, euch zu helfen und so viel es geht beizubringen!

Lasst mich euch nur einen wirklich wichtigen Tipp geben: Tretet der NGG bei und informiert euch GENAU über eure Rechte, um zu verhindern, dass man euch evtl. Unrecht tut!

***

Ein Gast: »Ich habe gelesen, dass Ihre Azubis jetzt einen Mindestlohn bekommen? Das wurde auch endlich mal Zeit! Ich merke als Gast immer wieder und seit vielen Jahren spürbar steigend die immer weiter sinkende Servicequalität. Man ärgert sich ja nur noch! Jeder sollte genug verdienen, um zu leben. Wenn sich da nicht grundlegend was ändert, können wir uns bald alle unser Essen wie in der Kantine selber holen. Sie haben es ja wirklich nicht leicht! Klar, der Beruf muss Spaß machen, aber wenn es nicht mal für einen Urlaub im Jahr reicht, läuft da was schief! Ich bete für Sie!«

Gast ... das war ein Gast! Das fällt also nicht nur uns selber auf, sondern auch denen, die wir bedienen!

***

Einer unserer Köche. Ende 40. Kam vor vielen Jahren zum Vorstellungsgespräch. Ich sah an Hand seines Lebenslaufes, dass er Rechtsanwalt mit eigener Kanzlei ist. Ich sprach ihn verwundert darauf an und fragte, wieso er in eine der am schlechtesten bezahlten Branchen Deutschlands wechseln wolle. Darauf er: »Ja, ich habe extrem gutes Geld verdient. Aber womit? Die Menschen kamen fast nur im Streit. Ich hatte permanent mit negativen Gefühlen, Hass, Neid und Missgunst zu tun. Ich musste Prozesse gegen Menschen gewinnen, die dann alles verloren haben. Ich musste Prozesse wegen lascher Richter verlieren und oft gegen mein Gewissen handeln. Nebenbei haben ich viel gekocht und mir Fachbücher gekauft, um mehr zu lernen, und mich dann dazu entschlossen, den Beruf des Koches von der Pike auf zu lernen und die Kanzlei zu verkaufen. Ich bereite Menschen Freude, ich erschaffe etwas und zerstöre nichts. Das ist ein gutes Gefühl.«

Er hat gelernt! Und ist nun seit einigen Jahren Küchenchef. Und für alle, die denken, dass es Berufe unter dem eigenem Niveau oder Intellekt gibt, dem sei bewiesen, dass gerade intelligente und innovative Menschen aus der Gastronomie eine Branche mit professionellem Anspruch machen!

***

Ich hasse Köche

Letztens standen wir alle in einer ruhigen Sekunde zusammen, da sagte ich zum Küchenchef: »Ich würde gerne mal so einen Monat Praktikum in der Küche machen. Am besten, wenn es etwas ruhiger ist.«

Zwei Sekunden war es still, dann brüllten die Halbgötter in Weiß vor Lachen los. Als sie sich etwas gefangen hatten, sagte der Küchenchef: »Du in der Küche? Dir brennt doch die Dose Ravioli schon vor dem Öffnen an.«

Und der Sous Chef: »Das wäre so, als würde ein Ork Urlaub im Auenland machen wollen.«

Sie lagen vor Lachen auf dem Tisch, während ich wortlos und mit gesenktem Blick langsam zurück zum Besteckpolieren ging.

Ich hörte noch, wie selbst der Azubi sagte: »Wie ein Löwe in der Antarktis ...«

***

Ich hatte letztens einen Probearbeiter. Einen Mann so um die 30 Jahre alt, ohne gastronomische Erfahrung. Ein Kollege nahm sich seiner an und ließ ihn in seiner Station mitlaufen.

30 Minuten später

Der Probearbeiter kommt zu mir und sagt: »Boah, es tut mir echt leid, aber das kann ich nicht.«

Ich: »Was ist denn passiert?«

Probearbeiter: »Nichts Spezielles, aber man muss ja auf so viele Dinge achten und dabei immer nett zu den Kunden bleiben. Permanent bestellen die was oder wollen irgendwas wissen und dann muss man ja noch Getränke machen und Essen servieren. Ich kann das absolut nicht, das halte ich keinen Tag durch.«

Ich: »Was hast du dir denn vorgestellt?«

Probearbeiter: »Ja, so mäßig Essen und Getränke servieren und so. Aber dass immer unterschiedliche Kunden was wollen und man das alles irgendwie auf die Kette kriegen muss, damit man keine Fehler macht ... Alter ... Ich weiß nicht, wie ihr das schaffen könnt, aber mein Kopf ist schon nicht mehr am rechten Fleck.«

Ich: »Das ist alles Übung und Organisation. Es braucht seine Zeit, aber dann wirst du sehen, wie locker dir das von der Hand und aus dem Kopf geht.«

Probearbeiter: »Nee, lass mal. Ich gehe wieder zurück in meinen alten Job.«

Ich: »Was machst du denn?«

Probearbeiter: »Ich bin bei der Polizei.«

Ich: »Du bist ein Bulle? Ok, wir haben etwas gemein: Wir können beide unseren Job nicht machen, aber Respekt für deine Arbeit.«

Probearbeiter: »Ich wollte mal was anderes machen, was Positives. Wir werden ja immer gerufen, wenn Scheiße passiert. Aber das hier ist mir echt zu anstrengend!«

Das habe ich noch nie erlebt: Ein Polizist, der mir sagt, unser Beruf ist zu anstrengend. Wir unterhielten uns noch eine ganze Weile. Er erzählte mir von seinen Erlebnissen und mir wurde umso klarer: Ich bleibe, was ich bin!

Gastro und Politik

Ein Gast sieht mich an. Eine ganze Zeitlang, bis er sich traut, mich anzusprechen: »Ich habe Sie gesehen. Im Nachtcafé auf SWR. Sie sind das, oder?«

Ich: » ... Ja, korrekt.«

Gast: »Ich finde es sehr mutig, was Sie tun. Dass Sie unumwunden einen großen Fehler eingestehen, ist beachtlich, und wie offen Sie mit Ihrer Vergangenheit umgehen, ist ebenso beeindruckend! Wir leben in einer Zeit, in der es nur noch darum geht, dunkle Vergangenheit zu verschweigen. Alles, was einen Makel hat, zu vergessen. Aber dass Sie so schonungslos ehrlich sind, daran sollten sich mehr Menschen ein Beispiel nehmen. Ihr Kampf gegen den Rechtsextremismus ist sicher eine Lebensaufgabe, aber man kann nur hoffen, dass sich mehr Menschen ein Beispiel daran nehmen und Ihrem Beispiel folgen, dem Rechtsextremismus den Rücken zu kehren.«

Ich: »Ja, das hoffe ich auch, aber bekämpfen können wir den nur, indem wir der nächsten Generation klarzumachen im Stande sind, dass Hass einen auffrisst und genau das erreicht, was man nicht haben will: Hass als Motivation. Denn das macht keinen glücklich!«

Gast: »Dann sollten mehr in der Gastronomie arbeiten. Ihr Hass ist ja auch an der Vielfalt gescheitert.«

Ich: »Ja, auch das ist korrekt!«

Gast: »Machen Sie weiter und lassen Sie sich nicht beirren.«

Ich: »Das passiert mir nicht nochmal, so viel steht fest!«

Ich bin niemals alleine und das gibt einem Menschen sehr viel Kraft!

***

Samstagsgedanken

»Leider nein« und »Sehr gerne« benutze ich total gerne zynisch. Warum? Gastronomie ist Leidenschaft und Leidenschaft ist Hingabe aber nicht Aufgabe. Immer alles möglich zu machen, bedeutet nicht, ein guter Gastgeber zu sein, denn wo des Gastes Wunsch die Verhältnismäßigkeit zur Machbarkeit überschreitet, ist es besser, auch mal »Leider nein« zu sagen. Wir sagen viel zu selten nein, viel zu oft ja, obwohl wir nein denken oder fühlen. Nicht alles, was von einem erwartet wird, ist auch machbar. Den Wunsch des Gastes zu 100% erfüllen zu können, ist in der Konsequenz wichtiger, als ihn zu 70% erfüllen zu können, um dann 30% Enttäuschung zu produzieren. Was vielen Gastgebern fehlt, ist ein realistischer und rationaler Blick auf das Mögliche oder Machbare. »Ich glaube, ich bekomme das hin« ist eine schlechte Formulierung, denn glauben kannst du in der Kirche. Wenn du etwas nicht erfüllen kannst, lass es lieber und sei ehrlich zum Gast. Enttäuschungen entstehen größtenteils da, wo Versprechungen gemacht werden, die man nicht halten kann. Lieber bodenständige Ziele verfolgen, als den großen Sternegastronomen raushängen zu lassen, ehrlich zu sich und seinen Fähigkeiten sein und sein Portfolio an Leistungen auch dem Gast vermitteln. Stress dich nicht mit überzogenen Erwartungen, mach easy dein Ding. Lerne in deiner Geschwindigkeit, arbeite in deiner Geschwindigkeit und setze in deiner Geschwindigkeit um. Lass dich nicht hetzen, bleib cool und gelassen. Nimm alles nicht zu ernst und am wichtigsten: Gönne dir Fehler, denn nur durch die wirst du besser. Gönne dir einen Hauch Unprofessionalität, denn die macht dich menschlich und menschlich nachvollziehbar. Sei kein Opfer unangemessener Forderungen oder auferlegter Wünsche anderer, sei Chef in deinem Zirkus! Nicht das Orchester gibt den Ton an, sondern der Dirigent, und du bist der Dirigent in deinem Betrieb, deiner Station, deiner Rezeption oder deinem Posten. Mach dich gerade vor allen, die dich biegen wollen, und baue eine Brücke aus den Steinen, die man dir in den Weg legt. Denn du bist die Quintessenz aus deinen Erfahrungen. Entscheidend: Nehme nie den Rat von Menschen an, die es nicht gut mit dir meinen!!!

Sag einfach öfter mal: »Leider nein!«

***

»Ich glaube nämlich nicht, dass es bei höheren Löhnen zu Kündigungen oder Einsparungen kommen wird. Eher das Gegenteil wird der Fall sein. Wir bekommen wieder motivierte Fachkräfte, für deren Arbeit wir auch mehr verlangen können!!!!«

Am Rande des Hotelkongresses hatte ich die Gelegenheit mit Marcus Fränkle zu sprechen. Ein Unternehmer und Hoteldirektor und eigentlich das ganze Gegenteil zu mir Straßenkellner. Oder doch nicht? Marcus ist einer der sehr, sehr wenigen Unternehmer, welche sich auch öffentlich für mehr Wertschätzung einsetzen. Er propagiert offen die Erhöhung des Mindestlohnes auf EUR 15,- und setzt sich in seinem Hotel in hohem Maße für seine Mitarbeiter ein. Die Zeichen der Zeit stehen auf Kampf, unser Kampf für eine Branche, die wir nicht länger den falschen Machern überlassen wollen, ein Kampf gegen neoliberale Wirtschaftsinteressen, welche auf der Ausbeutung der Basis beruhen, die die Milliarden Umsätze erst möglich macht. Was wir brauchen, ist EINIGKEIT!

Unternehmer wie Marcus haben längst erkannt, dass die Produktivität der Mitarbeiter in gesundem und nachhaltigem Sinne steigt, wenn man die Bedürfnisse der Mitarbeiter achtet, ihnen zuhört, sie teilhaben lässt, sie mit Respekt und Ehrlichkeit behandelt. Das haben bis jetzt weder der DEHOGA noch andere ausbeuterische Unternehmer begriffen. Es ist an der Zeit, in Eintracht zwischen Arbeitgebern und Arbeitnehmern die Branche zu lenken und die vielen schwarzen Schafe abzurasieren. Die Branche hat sich im konsumbedingten Billigwahn in belangloser Masse aufgeblasen und es wird Zeit, dass die Gastronomie sich selber reguliert. Denn am Ende dürfen nur die Betriebe überleben, die vernünftig wirtschaften.

Es ist die Zeit gekommen, wo wir uns die Hände reichen und in einen gemeinsamen Dialog treten müssen, denn wir wollen doch alle eine zukunftsweisende und starke Gastronomie, unabhängig davon, welche Position man hat und ob ich Arbeitgeber oder Arbeitnehmer bin. Wir müssen über die vielen Probleme reden und auch wenn es nicht bei jedem Thema zu einem Konsens kommt, wie zum Beispiel der Wochenhöchstarbeitszeit, gegen die ich nach wie vor bin, so bietet es aber die Gelegenheit, Argumente auszutauschen.

Ich kann nur an andere Unternehmer appellieren, es wie Marcus Fränkle zu machen: Redet mit der Basis, hört ihnen zu, nehmt ihre Sorgen und Ängste wahr.

So geht Gastro!

***

Gast: »Also wissen Sie, ich finde Dienstleistung sollte keine Grenzen kennen. Wir wurden von Ihnen zwar gut bedient, es besteht aber noch Luft nach oben. Beim Griechen gibt es einen kostenlosen Salat zur Vorspeise und im Sternerestaurant ein Amuse Bouche, aber bei Ihnen? Gar nichts. Nicht mal petit fours zum Schluss und selbst beim Griechen gibt's nen Ouzo.«

Ich: »Ja, wissen Sie, wenn Sie für einen Audi bezahlen, können Sie keinen Bentley erwarten. Wenn Sie ein Drei-Sterne-Hotel buchen, können Sie nicht den Sörwis eines Fünf-Sterne-Hotels erwarten. Sie zahlen bei uns für genau das, was Sie als Gegenleistung zu erwarten haben: Frisches, selbstgemachtes Essen und einen entsprechend guten und ehrlichen Sörwis. Das Problem, das wir in der Gastronomie haben, ist der Umstand, dass Menschen bereit sind für Luxusgüter tief in die Tasche zu greifen, aber bei Dienstleistungen und Lebensmitteln sparen. Und Gastronomie besteht nun mal aus Lebensmitteln und Dienstleistungen. Die Konsequenz? Die Gastro erliegt dem Preisdruck, weil viele alles wollen, aber wenig geben, deswegen weniger in Löhne investiert werden kann und wir somit Probleme haben, dem geforderten Niveau überhaupt gerecht werden zu können. Vielleicht respektieren Sie einfach das, wofür Sie bezahlen, und akzeptieren, dass Sie für den Preis nicht mehr verlangen können. Denn dass Sie hier gutes Personal bedient, ist der Grund, wieso das Schnitzel bei uns 25 Euro kostet, und das ist noch günstig oder eher zu günstig.«

Hat er tatsächlich verstanden! Und jeder, der es versteht, ist einer mehr auf dem Weg zu mehr Gerechtigkeit!

***

Wenn Gäste nicht so doof sind, wie viele glauben

Gestern unterhielt ich mich mit einem Geschäftsmann über die Gastro und erzählte ihm auch von hotelleaks und wie es allgemein in der Branche läuft. Er hörte zu und sagte dann: »Ich habe 300 Angestellte und mein Unternehmen ist nur deswegen erfolgreich und ich nicht pleite, weil ich meine Angestellten fair und wertschätzend behandle. Ich bin viel in Hotels unterwegs und bekomme es als Gast sehr genau mit, wenn Angestellte am Arbeitsplatz unzufrieden sind. Gerade in der Gastronomie ist das zu spüren. Wenn ich frühstücke oder zu Abend esse, sehe ich, dass es sehr wenig Personal gibt, und mir ist aus unternehmerischer Sicht sofort klar, woran es liegt. Natürlich ist Personal sehr teuer, aber wer langfristig erfolgreich sein will, muss Geld in die Hand nehmen. Meine Leute sind äußerst produktiv, weil sie eine ausgewogene Live-Work-Balance haben und ich jeden als wertvolles Mitglied der Unternehmensfamilie behandle. Wer das nicht kapiert, verdient den Konkurs.«

Ok … da konnte ich nichts mehr entgegnen!

***

Ein Café in Berlin wird medial als unfreundlichstes Café bezeichnet und ich frage mich, wieso?

Vor vielen Jahren arbeitete ich in einem Restorang, welches in einem denkmalgeschützten Haus aus dem 19. Jahrhundert eröffnet wurde. Weil das Restorang quasi im Keller war, war es nicht barrierefrei und zudem durch die schmale, gewundene Treppe für breite Kinderwagen nicht geeignet. Und was waren die Reaktionen?

Rollstuhlfahrer fragten, wieso wir keinen Fahrstuhl hätten. Denkmalgeschützt und baulich unmöglich. Oder wieso wir für Rentner keinen Treppenlift installieren würden? Denkmalgeschützt und Treppe zu schmal.

Und was passierte? Gäste versuchten zuweilen, Rollstühle samt Fahrer die Treppe runter zu wuchten, was kaum möglich und sehr gefährlich war. Bei Kinderwagen sah es etwas anders aus. Die konnten runtergetragen werden, was man den Wänden und Ecken auch ansah. Im Gastraum angelangt die Frage: Wohin mit dem Baby-SUV? Auf meine Bitte, den Kinderwagen nicht mitten im Weg stehen zu lassen oder zwischen Tischen so zu stellen, dass kein Kellner mehr vorbei kam, wurden Kinderwagen einfach in den Notausgang gestellt. Auf meine Interventionen, den Kinderwagen nicht im Notausgang stehen zu lassen, kamen pampige Antworten wie: »Wo soll ich den sonst lassen.« Oder: »Dann müssen Sie eine Fläche bereitstellen, wo wir den Kinderwagen deponieren können.«

Von gehbehinderten Menschen wurden wir als ausgrenzerisch beschimpft. Sorry, aber um 1850 gab es weder Fahrstuhl noch Treppenlifte. Mehrmals mussten wir auf Grund der Schäden an Wänden und Geländer sanieren. Und hat auch nur ein Gast seinen verursachten Schaden bei uns gemeldet oder einen Versicherungsausgleich angeboten? Nein!

Mal ganz von Sicherheitsbedenken zur Fluchtwegefreiheit im Ernstfall abgesehen, sollten manche Gäste, egal ob Mutti mit Kinderwagen oder Rollstuhlfahrer, mal über ihre Ich-Bezogenheit nachdenken. Es gibt gastronomische Betriebe, die architektonisch keine baulichen Anpassungen zulassen, weil das Gebäude bzw. die Räume nicht als Gastronomiefläche geplant waren oder das Gebäude auf

Grund von Denkmalschutzbestimmungen und Statik nicht verändert werden dürfen. Denn wenn eines von beidem zutrifft, ist das eben so und hat weder was mit Ausgrenzung noch mit Unfreundlichkeit zu tun. Dann steht man darüber und geht woanders 'nen Kaffee trinken.

Denkt mal darüber nach!

***

Kein Mensch mag Klugscheißer

Letztens ein Gast: »Ähm ... in Ihrer Speisekarte sind beim Wasser Preise hinterlegt. Laut einer EU-Verordnung müssen Sie aber Wasser kostenlos ausschenken. Sie müssten also die Preise überkleben.«

Bis dahin war ich echt gut gelaunt!

Ich zum Gast: »Die EU-Verordnung schreibt es nicht vor. Diese Verordnung ist freiwillig und keine Verpflichtung.«

Gast: »Also, in anderen Ländern ist das aber üblich!«

Ich: »In anderen Ländern zahlen Sie dafür einen Pauschalbetrag für Besteck und Brot, das Ihnen einfach auf den Tisch gestellt wird, oder Sie zahlen auf der Terrorasse für Ihre Bestellung mehr, als wenn Sie es drinnen bestellt hätten. Des Weiteren sind sämtliche Kostenfaktoren in der Mischkalkulation inkludiert. Dazu zählt ALLES, was irgendwie Geld kostet. Und bevor Sie nun argumentieren, Wasser und auf Klo gehen, sind Grundrechte: Gehen Sie mal in den Supermarkt und nehmen Sie das Wasser mit, ohne zu zahlen. Oder Klopapier. Klappt nicht. Wieso sollte für gastronomische Betriebe dann etwas anderes gelten?«

Danach war Ruhe.

***

So kann man es auch machen

Ein Gast kurz vor dem Bezahlen: »Wissen Sie, wieso wir uns für Ihr Restorang entschieden haben?«

Ich: »Nein?«

Gast: »Sie wurden uns nicht empfohlen. Ein Bekannter hatte davon erzählt, dass er bei Ihnen schlechte Erfahrungen machte. Ich glaube, weil er auf dem Behindertenparkplatz stand und Sie ihn nicht warnten, dass er abgeschleppt wurde. Wir wollen uns aber ein eigenes Bild machen und glauben Kritiken selten. Es ist spannend, genau die Restorangs zu besuchen, von denen abgeraten wird. Dabei sind die Betriebe, die wirklich schlecht sind, in der Unterzahl. Ihr Restorang ist jedenfalls zu empfehlen und mein Bekannter hat selber Schuld!«

Das ist doch wirklich mal eine gute Idee, oder? Statt stundenlang Bewertungsportale zu studieren, einfach mal einen eigenen Eindruck sammeln.

Ich gab dem Gast eine Liste von Kollegen, die (meiner Meinung nach) zu Unrecht mies bewertet werden.

***

Gastronomische Verschwörungstheorien
Heute : Hausverbot in Sternerestorangs

Ein Paar sitzt in einem Sternerestorang beim Dinner. Da sie jeweils unterschiedliche Gänge haben, beschließen sie, die Hälfte zu essen und die Teller dann zu tauschen. So machen sie es bei jedem Gang.

Als dem Mann am Ende des Dinners die bestellte Rechnung serviert wird, liegt dieser ein Couvert bei. Der Mann öffnet überrascht den Umschlag und liest auf der hinausgezogenen Karte sinngemäß, dass es nicht dem Niveau des Hauses entspräche, Teller zu tauschen, und man sie höflichst bäte, von zukünftigen Besuchen abzusehen.

Dieses dezent ausgesprochene Hausverbot soll in einigen, namhaften Restorangs passiert sein und immer mal wieder vorkommen. Dass man ein solches Hausverbot als Mythos erklären kann, liegt vor allem daran, dass kein Sternekoch, der ohnehin ums Überleben kämpft, Gästen, die pro Person einen dreistelligen Rechnungsbetrag zahlen, deswegen Hausverbot erteilt, weil sie gegenseitig ihre Speisen verkosten. Und obwohl sich dieses Gerücht hartnäckig hält, ist bis heute nicht ein Foto einer solchen, schriftlichen Karte veröffentlicht worden und das, obwohl heute jede Selbständigkeit sofort viral geht. Besonders bei prominenten Gastronomen.

Das irgendein genervter Gast diesen Mythos erfand, ist wohl als rufschädigender Versuch zu verstehen, den oft dekadenten, blasierten Promiköchen einen Denkzettel zu verpassen.

Ich selber habe mit einigen Sterneköchen darüber gesprochen, die allesamt genervt abwinkten und einen Beweis eines solchen Vorgehens verlangten.

Bis heute, ohne »Erfolg«

***

Bettel field 2020

Wir haben bei uns um 23 Uhr Schluss, der last call ist um 22 Uhr; BIS 22 Uhr kann Essen bestellt werden, ab 22 Uhr 1 nicht mehr. Die Zeit dazwischen habe ich jetzt »bettel field« getauft. Wieso? Weil leider viele Gäste nicht wissen, dass der last call das Ende des gastronomischen Tages und den Beginn des Feierabends bedeutet. Und weil viele das nicht verstehen, wird gebettelt. »Och, das ist so gemütlich bei Ihnen«, »Ihre Familie schläft doch eh schon«, »Büdde noch ein Bier«, ...

NEIN!!!

Ich finde, dass eine Stunde ab last call genug ist, um in Ruhe auszutrinken und aufzuessen.

»Du bist aber kleinkariert«, werden jetzt einige denken, aber mal ehrlich, Kollegen: Ein Großteil der Überstunden entsteht durch die letzten Gäste, durch noch ein Bier und noch ein Bier, durch die Flasche Rotwein und so weiter. Eine klare Grenze zu ziehen, ist in meinen Augen also nötig. Und wenn ich irgendwo ein Restorang oder eine Bar wegen Schließung verlassen muss, kaufe ich mir eben an der Tanke noch ein Absturzbier und gut ist.

Also lieber Gast,

denk doch auch mal bitte an den wohlverdienten Feierabend der Mitarbeiter und auch daran, dass manche Chefs Überstunden weder zahlen können noch zahlen wollen. Ein pünktlicher Feierabend baut Bürokratie ab und beugt der Einforderung von Überstunden vor.

Guten Abend.

***

Neulich bei der Vorstandssitzung des DEHOGA-Bundesvorstandes:

Kevin 1: »Wir müssen etwas tun, damit die Branche wieder attraktiver wird.«

Kevin 2: »Ganz genau, wir müssen was tun.«

Kevin 3: »So sehe ich es auch, so kann es nicht weitergehen.«

Kevin 4: »Mehr Hooters Girls mit großen Brüsten!«

Kevin 1: »Nee, zu sexistisch.«

Kevin 5: »Vielleicht sollten wir der NGG Gewerkschaft Nahrung-Genuss-Gaststätten mehr entgegen kommen?«

Schallendes Gelächter.

Kevin 1: »Der war gut. Aber mal ernsthaft: Es muss was passieren.«

Kevin 3: »Aber was können wir unternehmen?«

Kevin 2: »Lasst uns doch erstmal darüber reden, was alles schief läuft.«

Kevin 1: »Genau, lasst uns über die Ursachen reden, wieso keiner mehr für einen soliden Lohn und bald 13 Stunden arbeiten will.«

Kevin 5: »Hat mal einer das WLAN-Passwort für mich?«

Kevin 4: »Nichtskönner2019«

Kevin 5: »Ich komme bei Candy Crush nicht weiter.«

Kevin 1: »Welches Level?«

Kevin 5: »65834.«

Kevin 1: »Da stecke ich auch fest. Weiß einer von euch, wie man da weiterkommt?«

Kevin 3: »Ja, ich habe dazu eine Lösung aus dem Internet.«

Kevin 1: »Klasse, dann lasst es uns angehen, ich habe das Premium Paket gekauft.«

Und sie spielten noch bis ans Ende ihrer Tage.

***

Die mit Abstand – und ich meine einen Abstand von hier bis an den Rand des Universums – schlimmsten Gäste sind? ANDERE GASTRONOMEN!

So wie eine Gruppe grüne Steppjacken mit braunem Cordkragen tragende Azubis, welche erst mal über ihre Klassenkameraden schwadronierten. Als ich irgendwann die Bestellung aufnehmen wollte, sah mich der Leitboy grinsend an und sagte: »Kleinen Moment noch, wir suchen nach Rechtschreibfehlern. Wir sind vom Fach!«

Ich: »Eher aus dem Fach.«

Gelächter der anderen.

Leitboy: »Witzig! Was für Grauburgunder haben Sie?«

Ich: »Stiegler.«

Leitboy: »Jahr?«

Ich: »2018.«

Leitboy: »Das ist nicht mein Jahrgang.«

Ich: »Weil du da noch keinen Alkohol trinken durftest?«

Gelächter der anderen.

Leitboy: »Wir gucken erstmal, was wir essen. Die Weine sollen ja korrespondieren. Sagen Sie, stellen Sie Ihre Weine nach den Speisen zusammen?«

Ich: »Logo und die Farben der Etiketten stimmen wir mit den Soßen ab, damit das Feng Shui passt.«

Gelächter.

Leitboy: »... Wie lange machen Sie den Job?«

Ich: »17 Jahre.«

Leitboy: »Und da sind Sie immer noch Kellner? In 17 Jahren sitze ich im Direktorenbüro!«

Ich: »Ja, im Büro des Gefängnisdirektoren!«

Gelächter.

Irgendwann servierte ich das Essen, da meinte der Leitboy: »Das Risotto kenne ich so gar nicht! Schmeckt irgendwie nicht fachgerecht.«

Ich: »Jo, hier ist anders als in der Schulkantine.«

Gelächter.

Mal ehrlich: Enthusiasmus und Motivation gepaart mit einer gesunden Portion Ehrgeiz ist ja cool, aber wer hat Bock, mit solchen Gastro-Nerds zu arbeiten?

***

Man kann es ja mal versuchen

Ruft ein Gast an und sagt: »Wir möchten übernächstes Jahr einen Tisch für ca. 15 Personen reservieren. Jetzt meine Frage, im Tourismus ist es ja so üblich: Bieten Sie einen Frühbucherrabatt an?«

Ich: »Moment, ich sehe mal nach ... Computer sagt nein.«

Gast: »Finde ich schon komisch. Die Gastronomie scheint da wiedermal etwas hinterher zu hinken. Aber gut. Sie haben doch sicher eine Art ermäßigtes Aktionsmenü für Gruppen?«

Ich: »Moment, ich schaue mal nach ... Computer sagt nein.«

Gast: »Tja, dann müssen Sie sich nicht wundern, wenn wir zu jemand anderem gehen.«

Ich: »Moment, wir haben eine sehr, sehr kompetente zentralgastronomische Beschwerdestelle, die Ihnen kompetent und sachlich zur Seite steht.«

Habe dem Gast die Kontaktdaten vom DEHOGA-Bundesvorstand gegeben. Mache ich jetzt nur noch so.

***

Fragte ein Gast: »Ich habe gelesen, dass Sie in der Gastronomie total wenig verdienen, richtig?«

Ich: »Richtig!«

Gast: »Dann frage ich mich, wieso in der Gastronomie alles teurer wird, wenn Sie wenig verdienen? Dann sollte es doch für uns Konsumenten mal endlich etwas billiger werden!«

Ich: »Wenn es noch billiger wird, ist es umsonst. Das Problem ist, dass wir tatsächlich bezahlt werden müssen und die Lohnkosten explodieren. Um das zu kompensieren, muss das durch Quantität der Gewinnmarge erhöht werden, weil auch leider die Sklaverei abgeschafft ist, was ökonomisch am gewinnorientiertesten wäre.«

Gast: »Na, beschweren können Sie sich nicht, uns geht es doch allen sehr gut in Deutschland.«

Ich: »Ja, zum Glück. Viele schlafen in Duschen, auf Restaurantbänken oder im Küchenbüro, weil sie kurze Wechsel haben und sich eh keine Wohnung leisten können, daher kommen sie auch nie zu spät und sind maximal abrufbar.«

Gast: »Ja, dann verstehe ich dat Problem umso weniger.«

Ein Paradebeispiel für die Sinnhaftigkeit unseres Wirtschaftssystems! Solange es Menschen gibt, die nicht weiter denken als zur Schädeldecke, werden wir kämpfen müssen!

***

Sehr geehrter Herr Dr. med. ***,

erst mal vielen Dank dafür, dass Sie uns mit dem Glanz Ihrer Anwesenheit beehrten. Es war uns eine innere Schwarzwaldklinik Sie bedienen zu dürfen. Leider waren Sie nicht sehr begeistert. Ok, Sie sind mit Ihren 15 Kollegen statt um 19:00 Uhr um 20:30 Uhr gekommen und hatten dann aber trotzdem nur bis 21:30 Uhr Zeit. Verständlich, dass Sie sich darüber aufgeregt haben, dass es dann alles nicht schnell genug ging. Kontraproduktiv fand ich es, dass Sie meinen Vorschlag, das 3-Gänge-Menü nicht in einem Rutsch serviert zu bekommen, entrüstet ablehnten.

Ich kann auch Ihren Stress nachvollziehen, vor Ihren Kollegen nicht das Gesicht zu verlieren (obwohl kein Schönheitschirurg dabei war).

Aber Folgendes möchte ich hier an dieser Stelle klarstellen: Sie haben nicht das Recht, laut zu werden, nur weil ich gesagt habe, dass Sie jetzt auf den Hauptgang warten müssen, so wie Tausende von Patienten in Wartezimmern ihr Dasein fristen müssen, und Sie jetzt mal sehen, wie es ist, wenn man warten muss, aber nicht warten will oder kann.

Der Unterschied zwischen Ihrem Wartezimmer und unserem Restorang ist eine gute Wein- und Getränkekarte. Sollten Sie mal drüber nachdenken, die auch bei sich einzuführen, dann fiele das stundenlange Warten sichtlich angenehmer aus.

***

Es klingelte das Telefon. Sagte eine Frauenstimme: »Wir waren ja letztens bei Ihnen essen und das war so schön. Deswegen wollen wir nächstes Jahr wiederkommen.«

Ich: »... Nächstes Jahr?«

Die Dame: »Ja. Wir haben ja nicht viel Geld und können uns das von unserer kleinen Rente nur zu besonderen Anlässen leisten. Und weil Sie so nett waren, kommen wir gerne wieder zu Ihnen und lassen uns etwas verwöhnen.«

Ich musste schlucken und wartete einen Augenblick: »Ich lade Sie dann gerne auf eine Überraschung ein.«

Wir telefonierten eine ganze Weile. Die Dame war dann später bei uns. Finanziell sehr arme Menschen, aber reich an Wärme. Menschen, die zu schätzen wissen, was für uns normal ist. Menschen, die in unserer Gesellschaft unter dem Radar leben, als Hartz-4-Schmarotzer abgetan und gesellschaftlich nicht anerkannt werden, weil heute Gewinnmaximierung mit der Gästezufriedenheit einhergehen muss. Haben wir Menschen vergessen, die zwar wenig Umsatz generieren, aber dafür so unglaublich zufrieden und glücklich sind? Gerade die, die wenig haben und für die ein paar Stunden im Restorang Luxus sind, sind mehr Wert, als unzufriedene, immer nörgelnde Bonzen, denen nichts gut genug ist.

Es sind jene Menschen, zu denen ich mich dazugehörig fühle, Menschen von der Straße, Realisten mit Ecken und Kanten.

Lieber Pulli als Anzug!

***

Günstig ist nicht gut, sondern belanglos!

Vor einiger Zeit ging ich durch die Hamburgische Innenstadt und achtete ganz bewusst darauf, wie groß die Dichte an Speisen verkaufenden Geschäften ist. Egal ob Bäcker, Backshops, Restorangs, Imbisse, Fast Food – gefühlt alle 20 Meter hätte ich mir schnell was zum Essen kaufen können. Aufgefallen ist mir ein Bäcker mit einer gut sechs Meter langen Theke. Neben dem üblichen Sortiment wurden Pasta und andere, warme Gerichte angeboten. Ich war verwirrt. Bäcker oder systemgastronomisches Restorang? Die Grenzen verschwimmen selbst bei Tankstellen. Geht man durch die Stadt, sieht man überall essende Menschen. Die Preise sind niedrig, ebenso die Qualität. Essen ist belangloser denn je, denn ist es ein Zufall, dass gerade an Haltestellen viele Bäcker und Imbisse sind? Essen als Langeweilebeschäftigung, bevor die nächste Bahn kommt. Essen des bloßen Appetites wegen, denn wer hat denn in diesem überquellenden Angebot billiger To-Go-Speisen noch Hunger?

Etwas Groteskes fiel mir auf: Obwohl kein Volk in Europa weniger für Lebensmittel ausgibt, sind die Fußgängerzonen gerade mit Bäckereien überladen. Jede 5qm-Ecke wird mit Mini-McDonald's aufgefüllt und das scheint sich zu rentieren. Discounter unterbieten sich mit Billigpreisen für vermeintliche Luxusartikel wie Champagner oder Jakobsmuscheln. Luxus zum kleinen Preis und das obwohl für Elektrik und Mode ganze Monatsgehälter, ohne mit der Wimper zu zucken, über die Ladentheken wandern. Wenn ich für 6 Euro eine Pappschale voller Bratnudeln bekomme, wieso soll ich mich noch in ein chinesisches Restorang setzen und das Doppelte bezahlen? Wieso eine Flasche Scotch für 100 Euro, wenn es sie auch für 15 gibt?

Essen ist beiläufig, eine Nebensache und das merken gerade wir in der Luxusgastronomie. Während vermeintliche Luxusprodukte von der Industrie in Massen produziert und marketingwirksam aufgebauscht werden, wird der Aufwand tatsächlicher Luxusprodukte nicht mehr wahrgenommen. Während Bratensoßen fertig gekauft werden können, weiß heute keiner mehr, wie aufwändig die Herstellung einer Jus ist.

Nicht die Industrie, nicht die Discounter und nicht die Werbeagenturen sind alleine schuld daran. Es ist das nicht mehr, oder bestenfalls stark unterentwickelte Qualitätsbewusstsein der Konsumenten. Denn viele müssen für die Finanzierung des neuen SUV oder Smartphone den Pfennig dreimal umdrehen und sparen lieber bei dem, was für uns eigentlich wesentlicher sein sollte: Gutes Essen!

***

Derzeit ist wieder die Diskussion über kostenloses Wasser in gastronomischen Betrieben entbrannt. Die EU sieht dies vor und will ebenso Brunnen und Trinkwasserstationen installieren? Soweit so gut. Aber wie sieht es praktisch aus? In Deutschland gehört Wasser selbstverständlich zum Essen. Nur äußerst selten verzichten Gäste auf eine Flasche Wasser. In Hamburg ist der Preis für eine Flasche Wasser zwischen 6 bis 8 Euro normal. Im Schnitt trinken zwei Personen eine bis zwei Flaschen Wasser. Im Mittagsgeschäft, insbesondere beim Mittagessen von Geschäftsleuten, wird fast immer nur Wasser getrunken. Jetzt kann sich jeder ausrechnen, wie hoch die Einbußen sein werden, wenn besonders im Sommer das Wasser kostenlos zur Verfügung gestellt werden muss. Und selbst das Berechnen von gefiltertem Tafelwasser zu einem Preis zwischen 4 bis 6 Euro wird von Gästen fast immer anstandslos hingenommen. Denn wieso muss ich dem Gast kostenloses Wasser anbieten, wenn auch ich als Gastronom eine Wasserrechnung zu zahlen habe?

Es ist also wieder eine zwar gut gemeinte, aber nicht konsequent durchdachte Lösung, die gerade jenen schadet, für die das Erbringen von bezahlten Dienstleistungen überlebenswichtig ist. Wer jetzt denkt, dass dies etwas übertrieben ist, dem gebe ich folgendes Beispiel: Vor vielen Jahren habe ich in einem Betrieb mit Terrasse gearbeitet, der ebenfalls kostenloses Wasser anbot. Da kam es insbesondere im Sommer oft vor, dass Gäste nur das Wasser bestellen wollten und sonst nichts. Wir baten es ja kostenlos an, also sollten wir es auch ausnahmslos ausschenken. Gerade in der Gastronomie kämpfen wir mit den immer weiter sinkenden Niveauansprüchen der Gäste, Essen und Trinken dürfen nichts mehr kosten, der Preisdruck und Billigkonkurrenz treiben niveauvolle Betriebe in die Pleite. Für Personal kann kein Geld mehr ausgegeben werden und die einst so hohe, französische Servicekultur verramscht im Sumpf des belanglosen Konsums.

***

Ich habe gerade folgende Einladung an den Präsidenten des DEHOGA, Guido Zöllick, geschickt:

Einladung zum Seminar »Wie geht Restaurant in echt?!«

Sehr geehrter Herr Zöllick,

unbestätigten Gerüchten zufolge sollen Sie über die operativen Vorgänge in einem bundesdeutschen Durchschnittsrestaurant nicht detailliert im Bilde sein. Um diesen Mangel abzustellen, lade ich Sie im Namen des Teams zum Seminar »Wie geht Restaurant in echt?!« ein.

Ablauf

Um Ihnen einen detaillierten und realitätsnahen Arbeitstag zu gewährleisten, schlage ich Ihnen einen Sonnabend im Hochsommer vor, an welchem Sie mit einer kompetenten Aushilfe gemeinsam unsere Gäste auf der 120 Plätze Terrasse begeistern werden.

Dienstbeginn: Bitte seien Sie pünktlich um 07:30 Uhr im Restaurant. Sie bekommen eine schicke Uniform und dürfen einen Kaffee trinken und/oder eine Zigarette rauchen. Der Dienst beginnt um 08:00 und endet voraussichtlich um 20:00 Uhr. Wir bitten Sie aber um Verständnis dafür, sollte das Gästeaufkommen es erfordern, dass sich Ihr Feierabend um zwei bis drei Stunden nach hinten verschiebt. Ferner möchten wir Sie darauf hinweisen, dass eine Überstundenbezahlung nicht möglich ist. Bei einem gemütlichen Feierabendbier vergessen wir die einfach mal. Vor Ihrem Dienst werden Sie in folgende Grundlagen theoretisch eingearbeitet:

1) Stationsorganisation unter der Berücksichtigung einer geringen Personaldichte bei gleichzeitig hoher Gästefluktuation oder kurz: Wie saufe ich in meiner Station kontrolliert ab?

2) Beschwerdemanagement: Wie schaffe ich es, dass mir vernachlässigte Gäste nicht an die Gurgel springen?

Nach der Grundlagenvermittlung werden Sie in die Station gehen. Bitte haben Sie Verständnis dafür, dass bei hohem Gästeaufkommen die gesetzlichen Pausenzeiten nicht eingehalten werden können, daher empfehle ich Ihnen, gut zu frühstücken.

Vergütung: Sie werden nach dem bundesdeutschen Mindestlohn vergütet und bekommen eine prozentuale Beteiligung am Trinkgeld.

Sollten diese Konditionen Ihnen zusagen, würde ich mich auf Ihre Terminvereinbarung sehr freuen. Des Weiteren biete ich Ihnen einen zweiten Kurs an mit dem Thema: »Überleben in der Küche.«

Wir freuen uns auf Ihren Besuch und verbleiben mit gastfreundlichen Grüßen,

Ihr Olli Riek

***

Liebe Bild,

ihr berichtet jeden Tag von kleinen oder großen Ungerechtigkeiten in der Welt. Wieso wird eigentlich so gut wie nie über den Fachkräftemangel in der Gastronomie berichtet? Viele Menschen assoziieren den Begriff »Fachkräftemangel« mit den Problemen in den sozialen Berufen, was ich auf Grund der sozialen Verantwortung für Leib und Leben durchaus nachvollziehen kann. Aber auch wir müssen leben oder überleben und, was ich nicht verstehe, ist, wie ein Fachkräftemangel in der Gastronomie soweit voran schleichen konnte, dass die Branche fast vor dem Niedergang steht. Wieso interessiert ihr euch so wenig für die Gastronomie, obwohl ihr oft genug selber Essen geht? Freilich nur in Restorangs von welchen ihr wisst, dass ihr dort perfekt bedient werdet. Ich habe in meinen 16 Jahren Gastro in Hamburg viele Chefredakteure von der Bild und anderen großen Zeitungsverlagen bedient, immer perfekt und ohne Kritik. Wieso? Weil ich den Beruf von der Pike auf gelernt habe! Aber auch große und namhafte Betriebe haben oft nur noch wenige (wenn überhaupt) ausgebildete Fachkräfte. Oft liest man in Bewertungsportalen vom sinkenden Niveau von Küche uns Sörwis – ist das ein Wunder? Wer möchte denn bitte für 1300 Euro netto unter der ständigen Verletzung des Arbeitsschutzgesetzes 10 Stunden neben einem hetzenden Küchenchef arbeiten oder sich von unterprivilegierten Gästen anpöbeln lassen? Wir sind an dem Punkt angekommen, an welchem jeder zweite Auszubildende noch vor Ablauf des 1. Ausbildungsjahres die Ausbildung abbricht. Warum? Weil man von 750 Euro im Monat in einer Stadt wie Hamburg nicht leben kann und auch nicht will, da viele Azubis mangelhaft ausgebildet werden und die Lücken in der Personalknappheit schließen müssen, obwohl sie fachlich nicht soweit sind, eine Station zu führen.

Findet ihr nicht auch, dass Gäste in Deutschland einmal dahingehend aufgeklärt werden sollten, dass von ihren oft überteuerten Rechnungen nichts bei den einfachen Angestellten ankommt? Das wir upselling und Mehrarbeit leisten sollen, ohne dass sich bei den Gehältern etwas ändert? Viele namhafte Betriebe leben von dem alten Glanz ihres Hauses, aber auch in der Sternegastronomie ist die Situation nicht besser, die Zustände sind sogar noch schlimmer. Deswegen verlassen viele erfahrene und gut ausgebildete Fachkräfte entweder Deutschland, um in der Schweiz locker 5000 Euro zu verdienen, oder kehren der Gastronomie den Rücken zu. Klammheimlich und aus Verdruss. Wenn sich nicht bald was ändert und das Ansehen der Gastronomie sich gesellschaftlich nicht hebt, werdet ihr nur noch von Robotern bedient oder könnt euch das Essen selber machen.

Wie fühlt man sich als leidenschaftlicher Gastronom? Hilflos, verloren und man ruft »Hilfe« in einen luftleeren Raum der gesellschaftlichen Ignoranz.

R.I.P Gastronomica

***

Die zweite Seite des Fachkräftemangel: Eierlose Angestellte

Klar ist, dass Politik, DEHOGA und IHK durch ihre Geldgeilheit einen großen Anteil am Fachkräftemangel haben. Vergessen sollte man aber auch nicht, dass es leider zu viele eierlose Angestellte gibt, die es sich gefallen lassen. Ich finde es oft erschreckend, wie groß die Leidensbereitschaft vieler Angestellter ist, die aus falscher Loyalität oder Rücksichtnahme über Gebühr arbeiten und das für ein Gehalt, für das man in anderen Branchen ausgelacht wird. Viel schlimmer ist aber, dass viele Angestellte ihrer Überarbeitung nicht einfach still nachgehen, sondern in öffentlichen Foren und in sozialen Netzwerken damit noch hausieren gehen und sich von gleichgearteten »Gastrosklaven« auf die digitale Schulter klopfen lassen. Für Außenstehende wirkt es verständlicherweise so: »Wieso meckern die denn, wenn die mit den Zuständen auch noch prahlen?«

Eine berechtigte Frage. Wie soll Druck auf die Arbeitgeberverbände ausgeübt werden, wie soll man öffentlich glaubhaft die maroden Zustände vermitteln, wenn devote Angestellte sich in der Güllegrube der Arbeitgeber auch noch suhlen. Mir wird oft nahegelegt, die Gastronomie zu verlassen, sollte ich die Zustände nicht zu tragen bereit sein. Ich wäre ein Weichei und überhaupt ist das doch alles in der Gastronomie normal. Normal? Sicher für Gastronomen, die um des lieben Friedens Willen auf die eigenen Rechte scheißen, bevor man noch den Unmut des Chefs auf sich zieht. Wer mit seinem Pensum prahlt, wird auch noch beklatscht und wer das Arbeitsrecht und den Tarifvertrag zitiert, ist ein Branchenfeind, der sich lieber einen Job als Parkhauswächter suchen sollte. Was man aber dabei vergisst, ist die Außenwirkung solchen Gebarens, denn insgeheim und lautlos verlassen viele die Gastronomie. Junge, noch berufsunschlüssige Jugendliche stellen zurecht die Frage, was daran normal sein soll, für 750,- Euro im ersten Lehrjahr 12 Stunden und mehr zu arbeiten und sich darüber hinaus mehr gefallen lassen zu müssen, als es woanders üblich wäre?

Für mich sind die konformen, ihre eigenen Rechte verleugnenden Vertreter in der Gastronomie neben DEHOGA, IHK, FDP und CDU/CSU die zweite Säule der Branchenkiller, weil sie ein falsches und schädliches Bild von der Gastronomie vermitteln.

Mir tun diese Menschen ehrlich leid!

***

»Ein Kellner packt aus«

Teil 1 – »Ich kann mir nicht vorstellen, dass deine Eltern stolz darauf sind, dass du geboren wurdest.«

Ich saß abends vor dem Fernseher, als eine Reportage über ein renommiertes 1-Stern-Restaurant aus Hamburg im Fernsehen lief. Gezeigt wurde ein sagrotansauberer Gastraum, in welchem vornehme Kellner mit weißen Handschuhen die Tische deckten. Stolz kommentierte der strahlendweiße Sternekoch das Niveau des Hauses. Alles vom Feinsten, nur beste Qualität. Und auch die Mitarbeiter seien von bester Ausbildung und höchster Motivation. Ein Kellner lächelte. Ich sah in seinen Augen eine Spur Verachtung. Ich kenne dieses Lächeln. Dann ging es in die Küche, in welcher der Sternekoch den Ablauf beim Vorbereiten des Abendgeschäfts skizzierte. Alles geordnet, ruhig. Dann in der nächsten Sequenz: Das volle Restaurant. Hektik, Stress. Aber gesittet. Der Sternekoch erklärt: »Also manchmal, wenn viel zu tun ist, wird es auch mal etwas rauer.« Er lächelt süffisant. Dann schaltete ich um. Dieser Mann ist zuweilen im Fernsehen zu sehen, immer nett und freundlich. Aber was viele nicht wissen: Während der Gast filigrane Speisen von vornehmen, sich zurückhaltenden Kellnern serviert bekommt, herrscht intern ein nicht rauer, sondern brutaler Ton.

Ich habe jeden Tag um 13 Uhr meinen Dienst begonnen. Zunächst hieß es putzen, putzen, putzen! Böden, Fenster, Toiletten, Handtücher falten, saugen, wischen, wieder saugen, die Außenfassade abspritzen, die Terrassenmöbel reinigen, den Eingangsbereich fegen, Hecken und Blumen pflegen, Besteck silbern und dann Tische eindecken und alles für das Abendgeschäft vorbereiten. Regelmäßig habe ich vier bis fünf Stunden vor dem Betreten des ersten Gastes geputzt. Dann noch acht bis neun Stunden am Gast gearbeitet. Der Druck ist enorm, bei den kleinsten Fehlern, selbst Fehler, die der Gast nicht hätte groß wahrnehmen können, wurde man in den Keller gebeten und zusammengeschrien: Man wolle wegen meiner Dummheit den Stern nicht verlieren, wir seien nicht in der Pommesbude, du bist ein Versager. Viele Kollegen haben dem Druck nicht standgehalten. Einer bekam schlimmes Nasenbluten, weil mein Chef – ein Sternekoch – ihn permanent triezte und sich über ihn vor der gesamten Küchenbrigade lustig machte. Als der Kollege so schlimm aus der Nase blutete, dass er nach Hause musste, wurde sich darüber lustig gemacht. Oft solidarisierten sich Kollegen mit dem Chef, um seiner Gunst willen. Auszuhalten war dies für viele nur durch Drogen. Koks während des Dienstes und Marihuana danach, um wieder runterzukommen, waren normal. Wie soll man es auch anders aushalten, wenn man als Koch um 10 Uhr morgens beginnt und um halb zwei Feierabend hat? Insbesondere für junge Kollegen war es schwer. Einmal sagte der Chef: »Ich kann mir nicht vorstellen, dass deine Eltern stolz darauf sind, dass du geboren wurdest.« Anstatt dass der Kollege dem Chef die Schürze vor die Füße warf, schluckte er es. Warum? Weil für viele das Arbeiten in einem Sternerestaurants eine Auszeichnung im Lebenslauf und ein Sprungbrett für die Karriere ist. Viele Sterneköche wissen das und nutzen ihre Machtposition aus. Ich hörte einen Sternekoch zu einem Azubi sagen: »Wenn du es hier nicht aushältst, brauchst du dich woanders nie mehr bewerben!«

Das zieht! Wer sich beschwert oder gar weint, wird kollektiv runtergemacht, denn das sei in der Gastro normal. Wer das nicht aushält, muss sich was anderes suchen, Weichei, Pussy, Student. Insbesondere junge Frauen wurden oft diskriminiert. »Gehe dich mal schminken, so scheiße, wie du aussiehst!«, »Hoffentlich kannst du besser blasen als Weinservice!«, »Wir ficken dich nicht nur während der Arbeit.« Eine Kollegin, die von einem Gast angefasst wurde und sich daraufhin beim Chef beschwerte, musste sich beim Gast entschuldigen, als dieser drohte, nie wieder zu kommen und eine miese Bewertung abzugeben. Gästezufriedenheit geht über Menschenwürde und Anstand, Mobbing und permanenter Leistungsdruck sind das, was eine Kamera niemals filmen wird.

Es scheint für viele Menschen, insbesondere jene, welche nicht in der Gastronomie arbeiten, überraschend zu sein, aber je teurer der Laden, umso schlimmer die Zustände.

***

Teil 2: »Die Luxusgastronomie ist nichts weiter als vergoldetes Blei«

Wer ein Sternerestaurant betritt, betritt damit oft eine andere, luxuriöse Welt voller Designermöbel, teuren Bildern, silbernem Besteck und Kristallgläsern. Man käme nie auf den Gedanken, dass die dem äußeren Anschein einer perfekten Welt erwecken könnte, doch leider ist dem so. Ich war in einem Sternerestaurant Chef de Rang. Was mich dort aber erwarten sollte, änderte für mich gastronomisch gesehen alles! Für mich war es die Möglichkeit noch mehr zu lernen und das tat ich auch. Aber im negativen Sinne. Auffällig ist, dass dieses Restaurant bei Jobportalen wie HOTELCAREER, GASTROJOBS, TOURISTIKCAREER Dauerinserate geschaltet hat. Bei großen Hotels mit hoher Fluktuation ist dies durchaus normal und sagt nichts über die Zufriedenheit des Personals und die Zustände aus. Bei einem Restaurant mit wenigen Angestellten aber sollte man stutzig werden. Ich wusste es nicht besser und bewarb mich. Das Vorstellungsgespräch hatte der Inhaber vergessen, sodass ich erstmal dumm rum saß, aber das passiert mal, dachte ich mir. Mir fiel auf, wie viele ausländische Fachkräfte dort arbeiteten, dachte mir aber nichts dabei. Erst später erfuhr ich, dass sie schwarz beschäftigt wurden, manche wurden regulär eingestellt, aber ihnen wurde der Arbeitsvertrag nicht ausgehändigt. Lohnzahlungen kamen oft verspätet und nur nach mehrmaliger Nachfrage. Ebenso das Trinkgeld. Der Inhaber machte keinen Hehl daraus, dass er einen Teil des Trinkgeldes für Bruch zurückhielt; generell wurde es nur alle zwei Monate ausgezahlt. Wer ein Getränk falsch produzierte, musste den Verkaufspreis zahlen. Mir fiel auf, dass überall Kameras hingen. Als ich einmal am Büro des Chefs vorbeiging bekam ich mit, wie er am Telefon zu jemandem sagte: »Ich sehe alles auch durch die versteckten Kameras.« Und tatsächlich rief er oft von zuhause aus an, um sich darüber zu beklagen, dass nicht genug gearbeitet wurde. Überstunden fielen regelmäßig an, aber wurden nie ausbezahlt, und so gab es diverse Kollegen, die juristische Schritte androhen mussten, bis der Inhaber dann doch zahlte.

Er unterstellte uns permanent, wir würden versuchen, ihn zu bestehlen, was die vielen Kameras erklärte, auf die weder wir noch die Gäste schriftlich durch Schilder hingewiesen wurden. Wer sich beschwerte oder den geringsten Anlass zum Misstrauen bot, würde sofort gekündigt, was zur Folge hatte, dass das Team monatlich wechselte.

Ich habe es nur kurze Zeit dort ausgehalten, als mir das Ausmaß der Zustände dort bewusst wurde. Der Umgang mit dem Personal blieb auch Gästen nicht verborgen, denen auffiel, wie schnell das Team wechselte. Ich rede hier nicht von einem Landgasthof mitten im Dort, geführt von blutigen Amateuren, sondern von einem Sternerestaurant! Für mich ein eklatantes Beispiel dafür, wie heuchlerisch gearbeitet wird. Das ist perfide, wenn man bedenkt, wie viele ambitionierte Bewerber darauf reinfallen, weil sie denken: Je mehr Sterne, desto besser der Laden. Und auch wenn man insbesondere als Koch viel lernen kann, verkauft man seine Seele und wird oft regelrecht zerstört! Die Unmenschlichkeit steht dem Profit und dem Ansehen vor den Gästen gegenüber, man ist nur ein billiges Werkzeug und sollte tunlichst die Schnauze halten!

Man sollte sich also ganz genau informieren und einen geraden Rücken und feste Prinzipien haben, ehe man sich entschließt, in so einer Hölle arbeiten zu wollen.

Danksagung

Ich möchte mich als erstes bei euch als Leser bedanken. Durch eure Unterstützung ist der zweite Band überhaupt möglich gewesen und wer weiß? Vielleicht kommt auch noch ein dritter.

Ich danke Björn Bedey für die Chance, weiter veröffentlichen zu können. Die Planung mit dir und die Beratung mit dir ist immer witzig und unkonventionell, kurzum: Rock'n'Roll.

Ich danke Christina Schmidt-Hoberg für ihre Geduld und ihre lockere und herzliche Art, Ideen umzusetzen. Es macht Spaß mit dir zusammen zu arbeiten, auch wenn das mit mir sicher nicht immer ganz einfach ist.

Ich danke Silke Starodubetz für das geile Lektorat und entschuldige mich auf diesem Wege nochmal ganz doll für die vielen Rechtschreibfehler. Meine Deutschlehrerin fühlt mit dir!

Ich danke Annelie Lamers für das Coverdesign. Sie hat den Kellner Jaques erschaffen und perfekt die antiquierte, arrogant wirkende Haltung des Kellners umgesetzt, großartig!!!

Ich danke Udo Lindenberg, der es mir erlaubte, unsere Begegnungen in diesem Buch festzuhalten. Zweieinhalb Jahre durfte ich dich privat erleben und dir eine schöne Zeit bereiten. Danke dafür, Mr. Panikpräsident!

Und ich danke den vielen Gästen, ohne die euer Lesespaß unmöglich gewesen wäre.

Ihr Lieben, ihr seht: Ein Buch zu veröffentlichen, ist nicht die alleinige Leistung des Autors, vielmehr ist es Teamarbeit und so betrachte ich mein Buch als unser Buch! Viele kreative Köpfe sind zur Realisierung nötig und ich hoffe, ihr stoßt auch auf dieses geile Team an!

Band I

Olli Gastronomicus Riek

Ist das Gemüse auch vegan? Oder: Die Leiden des jungen Waiters

Die lustigsten Restaurant-Erlebnisse eines Kellners

ISBN: 978-3-86282-602-5
15,00 €
272 Seiten
Taschenbuch

Kulinarische Fauxpas, hochnäsige Empfangschefs, unverschämte Gäste und absurde Bestellungen: Dieses Buch versammelt die komischsten Dialoge, Weisheiten, Tipps und Rankings aus 15 Jahren Gastronomieerfahrung des Hamburger Kellners und Stand-Up-Comedians Olli Riek.

Ein Blick hinter die Kulissen – mal lustig, mal zum Fremdschämen, immer unterhaltsam!

Ebenfalls im Charles Verlag erschienen

Carolin Sandner

„Hauen Sie sich auf die Flöte und singen Sie!“

Einblicke in den Alltag einer Logopädin

ISBN: 978-3-948486-04-4
14,00 €
164 Seiten
Taschenbuch

In ihrem neuen Sachbuch gewährt Carolin Sandner Einblicke in ihren Alltag als Logopädin. Der Leser erfährt dabei Komisches, Skurriles, Trauriges, Nachdenkliches. Da gibt es unter anderem den Schlaganfallpatienten, der kein Wort mehr spricht, aber „Griechischer Wein“ singt wie ein junger Gott, den polternden Augenprothesenhersteller, den Jugendlichen, der sprachlich durchs „Dichte Fichtendickicht“ wandert oder den gesuchten Verbrecher unter dem Bett der MS-Patientin.

Schwierige Störungsbilder werden verständlich erklärt, wobei die Autorin respektvoll, jedoch nicht ohne Ironie und mit einer guten Portion Humor erzählt.

Manfred Schulz

Notfälle

Begegnungen eines Arztes im Einsatz

ISBN: 978-3-948486-07-5
14,00 €
128 Seiten
Hardcover

Notfallbesuch eines Arztes im Gefängnis, im Luxushotel, im Bordell und in den unterschiedlichsten Wohnungen der Stadt. Alle, die besucht werden, sind krank, sonst hätten sie keinen Arzt gerufen. Sie alle haben aber auch ihre eigene Geschichte.

Bei einer Abschiedsfeier verliert ein Mann die Kontrolle. Prostituierte diskutieren über Gesetzeslücken. Eltern verstecken sich vor dem eigenen Sohn in der Garage. Die alte Dame wird von ihrem verheirateten Liebhaber versetzt und findet einen Ausweg. Hinter der biederen Hausfrau verbirgt sich eine Künstlerin.

Die Situationen, in die der Autor hineingerät, sind so faszinierend, so tragisch, so berührend, dass er sie aufschreiben musste.